国学典籍那么好看

《论语》有智慧

孟琢 著

湖南少年儿童出版社
· 长沙 ·

© 中南博集天卷文化传媒有限公司。本书版权受法律保护。未经权利人许可，任何人不得以任何方式使用本书包括正文、插图、封面、版式等任何部分内容，违者将受到法律制裁。

图书在版编目（CIP）数据

《论语》有智慧 / 孟琢著 . -- 长沙：湖南少年儿童出版社，2024.8

（国学典籍那么好看）

ISBN 978-7-5562-7575-5

Ⅰ . ①论… Ⅱ . ①孟… Ⅲ . ①《论语》—少儿读物 Ⅳ . ① B222.2-49

中国国家版本馆 CIP 数据核字（2024）第 079430 号

GUOXUE DIANJI NAME HAOKAN 《LUNYU》YOU ZHIHUI

国学典籍那么好看 《论语》有智慧

孟琢 著

责任编辑：唐 凌 张苗苗　　　策划出品：李 炜 张苗苗
策划编辑：张苗苗　　　　　　　特约编辑：张晓璐
营销编辑：付 佳 杨 朔　　　　版式排版：马睿君
封面设计：利 锐　　　　　　　插画绘者：紫苏桃子姜 鸠米 qiu（QQ 15187223）

出 版 人：	刘星保
出　　版：	湖南少年儿童出版社
地　　址：	湖南省长沙市晚报大道 89 号
邮　　编：	410016
电　　话：	0731-82196320
常年法律顾问：	湖南崇民律师事务所 柳成柱律师
经　　销：	新华书店
开　　本：	875mm×1230mm　1/32	印　　刷：	天津市豪迈印务有限公司
字　　数：	97 千字	印　　张：	5.5
版　　次：	2024 年 8 月第 1 版	印　　次：	2024 年 8 月第 1 次印刷
书　　号：	ISBN 978-7-5562-7575-5	定　　价：	35.00 元

若有质量问题，请致电质量监督电话：010-59096394

团购电话：010-59320018

户　籍　簿

姓　名　孔子

性　别　男

籍　贯　鲁国陬邑（今山东省曲阜）

生卒年　公元前551—前479

朝　代　春秋末期

身　份　曾任鲁国大司寇

成　就　孔子是中国春秋末期著名的思想家、教育家，儒家学派的创始人，被人们称为"孔圣人""孔圣"。他整理《诗经》《尚书》，定《礼》《乐》，并把鲁史官所记《春秋》加以删削，成为我国第一部编年体的历史著作。

第九章 孔子心中『君子』的标准是什么？—— 87

第十章 孔子的治国之道 —— 97

第十一章 孔子是如何面对人生挫折的？—— 107

第十二章 孔子的快乐来自哪里？—— 119

第十三章 我们应该交什么样的朋友？—— 129

第十四章 我们来谈谈人生志向 —— 141

第十五章 自在洒脱的孔子 —— 153

附录 孔子是如何成为圣人的？—— 163

目录

第一章　人生泥沼里成长起来的圣人 —— 1

第二章　孔子为什么这么爱学习？—— 13

第三章　孔子的学习方法是什么？—— 25

第四章　孔子的学费为什么这么便宜？—— 35

第五章　孔子是怎么教育学生的？—— 43

第六章　儒家学派的核心思想是什么？—— 57

第七章　《论语》中的孝道 —— 67

第八章　我们如何从《论语》中获得智慧和勇气？—— 77

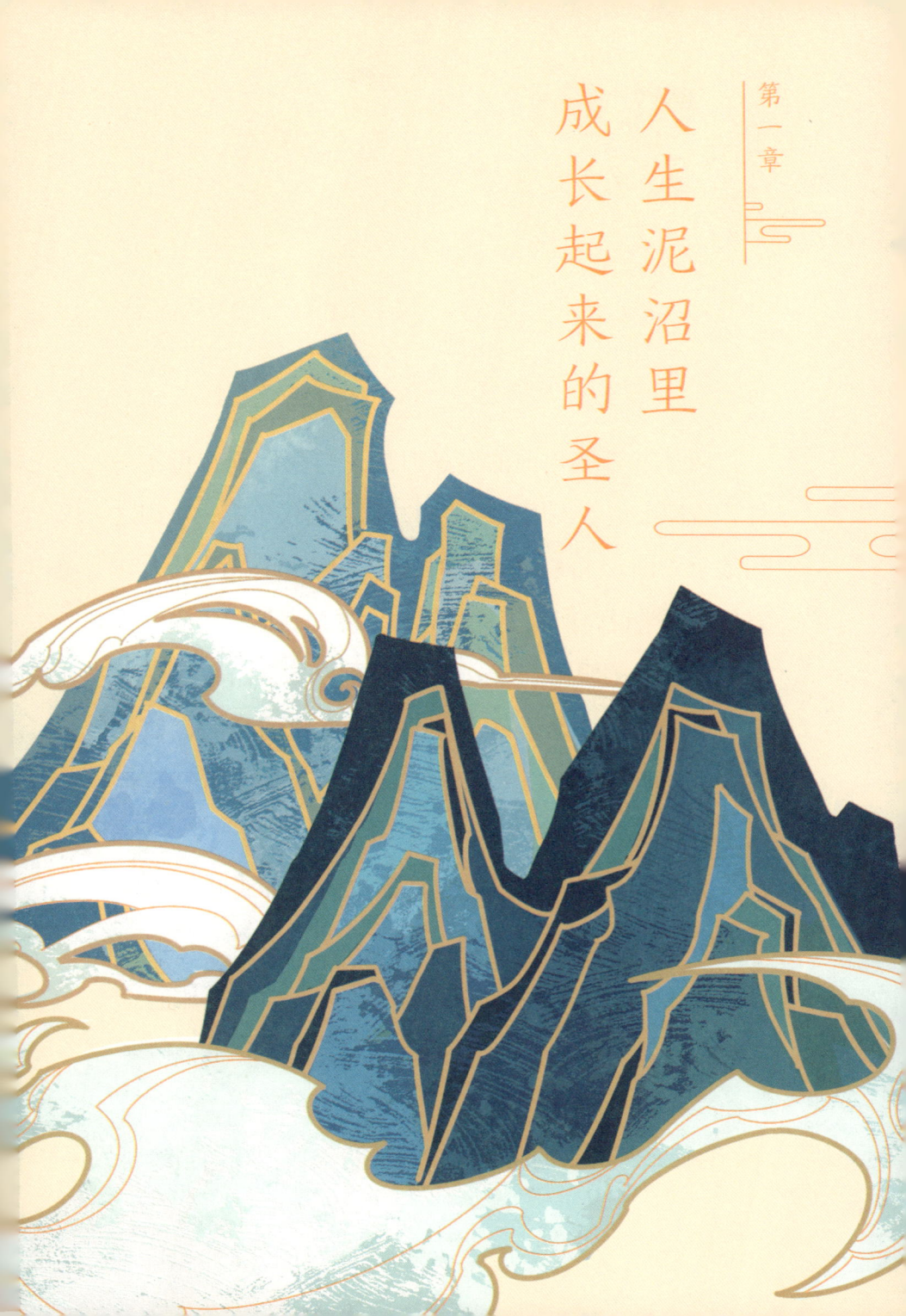

第一章

人生泥沼里成长起来的圣人

两千五百多年前的春秋时期，与我们现在可不一样，中原大地上，周天子势力减弱，诸侯争霸，小国之间战争不断。可也是在这时候，一些富于智慧的人建立他们的学说，产生了一场思想大爆炸，形成了中国传统文化中最耀眼的篇章。其中最重要的，当数孔子和他的《论语》。《论语》是中国传统文化的根底，如果说中华文明是一片茂密无比的森林，《论语》就是孕育这片森林最重要的养分。

这么厉害的著作，应该是严肃的大部头吧？不不不，你一定想不到，《论语》全书只有一万多字，记录的都是孔子和他的弟子之间的日常对话，包括他们怎么聊天，怎么生活，怎么学习，虽然看似简单，但非常有智慧。

为什么一群人的聊天记录能成为经典？我们当然要

看看，这是一群怎样的人。认真读完《论语》，你就会知道，孔子不仅仅是遥远的、高高在上的圣人，他更是一个非常可爱的、很有魅力的人。他的一生充满苦难、误解，受过诸多委屈，但他依然有担当，有信任，有对美好世界的追求，他那么幽默、聪慧、率真、坦荡，真是我们全人类最棒的老师。

孔子思想的继承者孟子说："颂其诗，读其书，不知其人，可乎？"就是说要读懂一部书，一定要了解作者的时代背景和人生经历。如果不知道作者是什么样的，可没法真正理解他的思想。孔子的一生，也可以当作厚厚的大书来读，那么我们就从第一页——孔子的童年讲起。

回顾童年，孔子说过这么一句话："吾少也贱，故多能鄙事。""少"，是年少；"贱"，是贫贱；"鄙事"，是指各种各样的小杂活。这句话翻译过来意思就是：我小时候生活很艰难，所以会做各种各样的杂事。

这是在什么情境下说的呢？当时吴国的高官太宰[①]，非常佩服孔子，就去问孔子的弟子子贡："子贡啊，

[①] 太宰不是人名，而是当时的官职名。

你的老师是个圣人吗？为什么会那么多本领呢？"

子贡很得意，回答："对啊，就是上天想让我的老师成为圣人，所以他有那么多本领。"

子贡说完后，兴冲冲地去找孔子，没想到孔子并没有多高兴，只是淡淡地说："吾少也贱，故多能鄙事。"

"少也贱"短短三个字，蕴含了孔子童年满满的艰辛。

孔子小时候究竟发生了什么？我们得从一个重要人物说起——孔子的父亲孔纥（hé）。

孔纥字叔梁，也叫叔梁纥，是鲁国很有名的武士。你肯定想象不出斯斯文文的孔子，他的父亲竟然是一个超级猛男。历史上有一部书叫《左传》，书中记载了孔子父亲的威猛气概。

叔梁纥生活的春秋时期，诸侯割据，小国之间纷争不断。有一次，叔梁纥带着鲁国士兵攻打齐国，齐国士兵被他们追得抱头鼠窜，一直逃到自己国家的城门下。城门一开，溃不成军的齐国士兵马上逃了进去，鲁国士兵跟着追进城门。可万万没想到，随着"哐当"一声，一道千斤重的闸门在鲁国士兵身后轰然落下，牢牢关住了外城门。城墙顶上瞬时冒出无数齐国士兵，

箭矢齐刷刷地对准鲁国士兵。

原来是鲁国士兵中计了!

他们没想到,狡猾的齐国人竟把城墙修了两层,一道外墙,一道内墙。两道墙形成一个环形,先把鲁国士兵引进来,再牢牢困在当中,他们就成了瓮中之鳖!

鲁国士兵慌成一团,奔跑无门,大叫着:"完蛋了!完蛋了!"眼看就要全军覆没,叔梁纥不慌不忙,缓步走到千斤闸底下,一咬牙,一抬手,"咔"的一下,竟把千斤闸抬了起来!

"迅速列队!从这里走!"叔梁纥大喊。

还没等齐国士兵反应过来,鲁国士兵就在叔梁纥的指挥下,全部撤退了。

这就是《左传》中记载的"逼阳人启门,诸侯之士门焉。县门发,郰(zōu)人纥[1]抉之以出门者"。

一个"抉之",就能看出叔梁纥有多大力气,有多么威猛。

还有一次,鲁国和齐国之间又发生了战争。鲁国

---

[1] 叔梁纥是郰邑大夫(郰是地名,在今山东曲阜东南),故又被人们称为郰人纥。

有位大夫叫臧纥，被齐国大将军高厚围困在一个叫防的地方。臧纥对鲁国人来说非常重要，但谁也不敢去救他。只有叔梁纥挺身而出，单枪匹马冲入乱军，护着臧纥杀出重围。齐国人哪肯罢休，放马直追过来。臧纥特别害怕，催促叔梁纥快跑。叔梁纥一边安慰他，一边快马加鞭，可跑着跑着，回头一看，齐国人还在穷追不舍。他眉头一皱，对臧纥说："您先撤，我回去再杀一场！"说完他就驾车掉头，挥戈大喊，朝着齐国人冲去。

"叔梁纥来也！与你们决一死战！"

这一下把齐国人吓坏了，他们魂飞魄散，大叫着"叔梁纥回来了！叔梁纥回来了！"，全部抱头鼠窜，逃得不见踪影。

这就是《左传》中记载的"高厚围臧纥于防"的故事。那时候，叔梁纥已经六十多岁了，还有这种气概，真是不简单。

这就是孔子的父亲，武功盖世，名震诸侯。这位叱咤风云的英雄人物，还有一个重要的人生理想没有完成——他想再生一个儿子，来继承他的勇猛和威名。

说起来，他其实有个叫孟皮的儿子，孟皮天生有些残疾，没法和父亲学武，所以啊，叔梁纥无比企盼，再生一个健康的男孩。他生啊生，生啊生，结果全部都是女孩。根据历史记载，孔子有九个姐姐。叔梁纥多想要儿子啊，他多希望家里面"叔梁一猛、叔梁二猛、叔梁三猛"这么排下去，没想到一个个都是"招弟、来弟、盼弟、想弟"……

一直到叔梁纥六十多岁，他又续娶了一个年轻的姑娘颜徵（zhēng）在。叔梁纥经常带着她去鲁国的尼山，那是鲁国郊区的一座小山。他每天去山下祈祷，希望上天赐给他一个健康的儿子。

终于在他六十多岁的时候，他无比激动地迎来了一个男孩。

这就是小孔子！

小孔子出生时模样可不一般，本应该浑圆的脑袋，顶上却凹下一块。现在以科学常识来看呢，也许是缺钙，可当时叔梁纥不这么想。他抱着小孔子，走出家门抬眼看尼山。咦？尼山顶上也凹下去一块！看看孩子，看看尼山，他心想，你们俩一样啊，那干脆给你起名叫"丘"吧。

为什么是"丘"呢？因为古时候"山"叫"丘"，

你们看"丘"字最初的写法 ᗯ，顶上也是凹下去的。尼山的山顶是凹下去的，与孔子的小脑袋相映成趣，于是就有了孔丘这个名字。此山叫尼山，古代中国男子取字，要按伯、仲、叔、季排行，孔子排行老二，所以字"仲尼"。

这就是《史记》中记载的"生而首上圩（wéi）顶，故因名曰丘云"。这是孔子得名的来历。

公元前551年夏历8月27日，圣人孔子诞生了，这真是中国人的大日子。

叔梁纥老来得子，对其十分宠爱，可他毕竟年纪大了，在孔子三岁那年，叔梁纥就去世了。

父亲去世，只剩下孤儿寡母，颜徵在带着小孔子，来到鲁国国都的阙里生活，日子艰辛可想而知。关于父亲的事，小孔子只能从母亲那里听到只言片语。他特别想念父亲，平时玩的游戏也十分特别。《史记·孔子世家》中记载，"孔子为儿嬉戏，常陈俎豆，设礼容"。"俎豆"，可不是什么寻常豆子，而是指古人祭祀祖先时盛食物的礼器。小孔子的游戏，是把瓶瓶罐罐当成祭祀的礼器，在地上摆来摆去，学着大人的样子行礼，来纪念叔梁纥。他太想念自己的父亲了，只能用这样的方式，寄托一点哀思。

更艰难的是现实生活，家里没了父亲，孔子的母亲为了谋生日夜操劳，小孔子也就早早扛起了家中重担。他很小就开始做各种各样的体力活,每天扫地、挑水、砍柴,再大些就去给人放牧牛羊、看管仓库。一天天的,就是过着这样的日子,才有了那句"吾少也贱,故多能鄙事"。长大以后的孔子对他的学生说:我小的时候生活困苦,一直生活在贫贱之中。因此,我会各种各样的琐事,掌握了各种各样的本领。

很出乎意料吧,孔子并没有我们想象中的幸福童年,他是一个在命运低谷中成长起来的圣人。他在人生的低谷中追求高远,不断学习,不断成长,最终长成一棵参天大树。两千五百多年后的今天,我们看到孔子的卓越成就,他像一座高山一样让我们仰望。我们却未必知道,他有这么低的一个人生起点。也正是这样的起点,更能映衬出他的伟大,鼓舞我们奋发前行。

《论语》并不是孔子亲笔写的。他为什么不自己写呢?

孔子主张**"述而不作"**。他说"述而不作,信而好古,窃比我于老彭"。他是个尊古的人,觉得古代的典籍已经说得很清楚,自己只是在阐述典籍,把前人的观点讲出来,不必去刻意地进行创作。他觉得,自己就像商朝的贤大夫老彭一样,喜欢去讲述古代的典籍和故事。

所以,孔子不会轻易动笔创作,我们现在看到的《论语》,是他的弟子及再传弟子记录的。

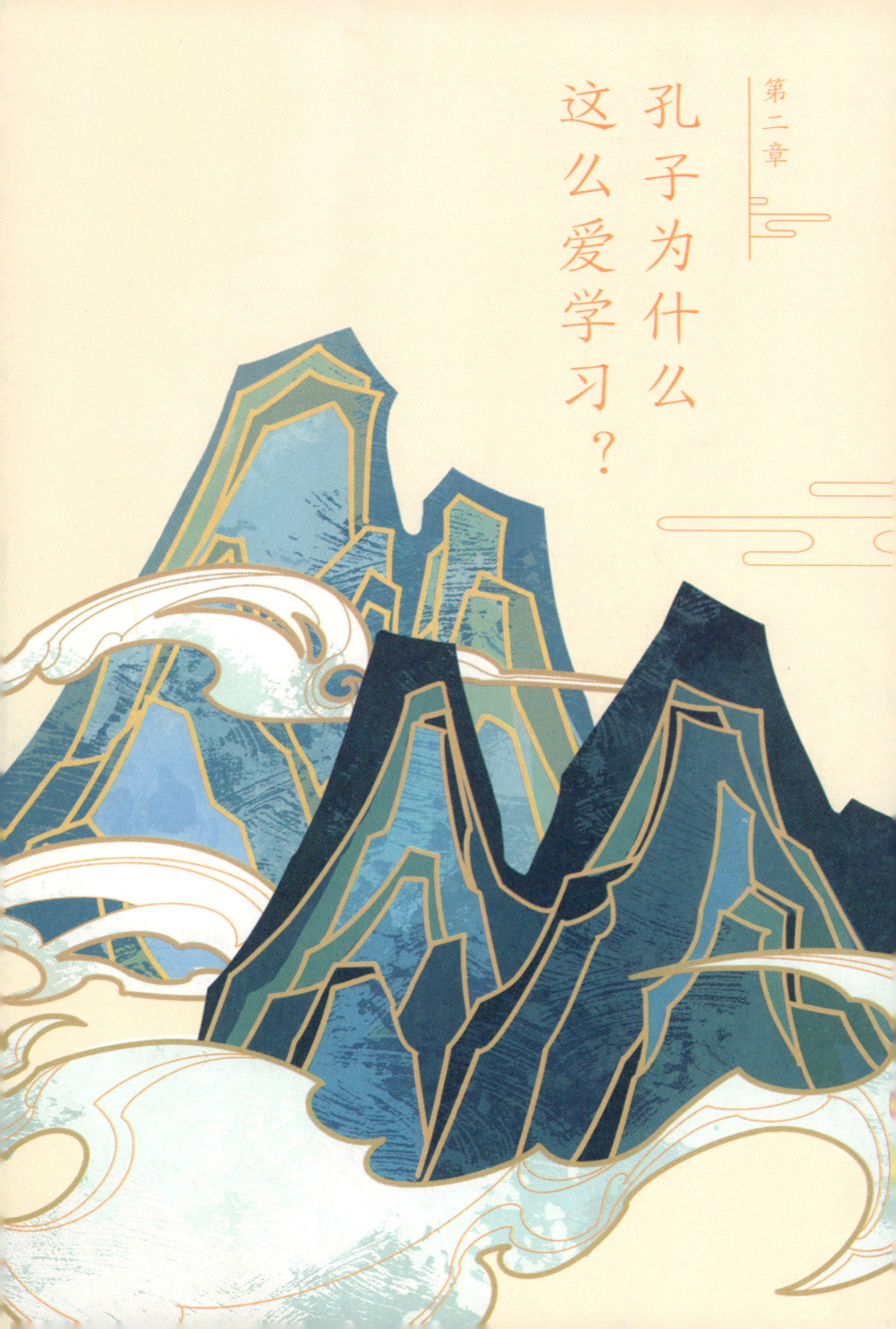

爱读书的同学，一定听过这句"**学而时习之，不亦说（yuè）乎**"。这句话非常好懂，"说"是"悦"的通假字①，是愉悦的意思。这句话是说，学习并常常付诸实践，真的令人非常愉快。

　　这句话是整部《论语》的开篇，围绕这个"悦"，孔子还说过"知之者不如好之者，好之者不如乐之者"，也是说学习是件快乐的事。

　　嘿，你有没有在心里偷偷想，明明"书山有路勤为径，学海无涯苦作舟"，学习那么辛苦，孔子怎么能说快乐呢？这种快乐贯穿了孔子的一生。他到底有什么不一般的地方？

　　如果能理解孔子学习的快乐，说不定，我们也能从

---

① 指字音与本字相同或相近，用来代替本字的字。

学习中找到乐趣,从此学海无涯"乐"作舟。

我们还是从少年孔子说起。

孔子年幼丧父,生活孤苦,平时要看仓库、放牛羊,可他一有时间就拼命读书。孔子说"吾十有五而志于学",就是说他十五岁就立志要好好学习,但他很少有读书学习的机会。他想在生活中增加自己的学识,可是并不容易。

《史记·孔子世家》中记载过一件小事:

孔子要绖①,季氏飨②士,孔子与往。阳虎绌曰:"季氏飨士,非敢飨子也。"孔子由是退。

孔子母亲去世那年,鲁国三大贵族之一的季孙氏大宴宾客,请八方名士参加宴会。小孔子想:宴会上一

---

① "要"通"腰","绖"就是古时丧服上的麻布带子,也叫孝麻。
② 指用丰盛的宴席款待宾客,也用于乡人相聚宴饮,或者泛指请人享受。

定有很多有学问的人，这真是难得的学习机会。我父亲叔梁纥曾是鲁国的官吏，那我作为叔梁纥的儿子，应该不算贵族也算名士吧？初生牛犊不怕虎的小孔子，腰间系着孝麻就去赴宴了。不料到了季孙氏家门口，一个叫阳虎的人拦住大门，冷着脸说："季孙氏招待名士，并没有请你。"孔子吃了闭门羹，只好默默回去。

"由是退"，真让人心酸沮丧。可这种打击并没有让孔子灰心，他还是不断学习，渐渐有了名气，终于赢得了一次进太庙参加国家祭祀的机会。

在中国古代，太庙是个重要的地方。古人在太庙里祭祀祖先，贵族也在这里商议国家大事。第一次进太庙的孔子，好奇得两眼发光，看哪里都是有趣的问题。

比如说，太庙门口拴着三只动物——牛、羊、猪。小孔子一看，欸，这里怎么有三只动物？小牛、小羊和小猪被捆着，瑟瑟发抖。孔子连忙问身边的祭祀官员："请问，这三只动物是做什么的？"

"嗯，这是太牢，这是大祭祀所用的。"

"哦，大祭祀用猪、牛、羊，那小祭祀用什么呢？"孔子问。

问题可真多，祭祀官员又解释道："古人祭祀分级别，祭品也分三种。天子祭祀是太牢，祭品要猪、牛、羊齐全；诸侯祭祀用少牢，有羊和猪就可以啦。这次三牲都在，就是最高级别的祭祀。"

走着走着，进了太庙大门，孔子一眼就看到庭院中的九鼎。鼎是祭祀礼器，鲁国国君是周公后代，才能用九鼎，其他诸侯只能用七鼎。

孔子又好奇了，九鼎里面装的都是什么呢？

同行的人只好告诉他，九鼎里分别是牛、羊、猪、小鱼干、干腊肉、动物内脏、鲜肉、鲜鱼等等。这些都是祭祀祖先用的食物，非常丰富。

继续走呢，就能看到这次祭祀的主人鲁昭公，远远站在东面的台阶上。

孔子又问："为什么主人一定要站在东面呢？"

同行的人说，古代的礼节，席位尊卑有君臣和主宾两种。在君臣之礼中，南为尊，北为卑，君王坐北朝南，臣子跪南朝北。至于主宾之礼，则是主人在东，客人在西。现在主人站在东面迎接，是表示对客人的敬意。

终于进了正殿，孔子一看，欸？这里

为什么有个小孩在拼命吃东西,嘴里塞得满满的,这小吃货是谁呀?

旁边的人终于不耐烦了:"这是尸!"

啊?什么?僵尸吗?

当然不是。古汉语中的"尸"不是尸体的意思,而是在祭祀中嫡孙要来担任主位,象征祖先。这个小孩正是国君的儿子,代表他已逝的爷爷,小孙子在吃,表示祖先们享用了丰盛的祭品。

刚刚解开了关于"尸"的疑问,孔子就看到鲁昭公上前向这个小孩敬酒。他又有疑问了:"父亲给儿子敬酒……会不会别扭呢?"

这可真是把同行的人气坏了,说:"谁说叔梁纥的儿子最懂礼仪?他什么都要问,什么都不懂!"

在这么隆重肃穆的场合,孔子被无情地责怪了。这就是《论语》中记载的"孰谓鄹人之子[①]知礼乎?入太庙,每事问"。

可孔子面无愧色,回答三个字:"是礼也。"

[①] 叔梁纥曾在鄹地(山东曲阜东南)为官,所以孔子在这里被称呼为鄹人之子。

他的意思是说，我把礼仪文化问清楚，这是我对礼仪最大的敬意，这是我心目中的礼啊。

真是不卑不亢，有追求，有志气。三个字，让那些傲慢的指责者哑口无言。对啊，本来就是第一次进太庙参与祭祀，没有经验，不了解细节，问清楚总比不懂装懂好。这就是孔子后来说的"知之为知之，不知为不知，是知也"。实事求是，知道就是知道，不知道就是不知道，这样才能得到真学问。

那么，这个真人版的"十万个为什么"，平时都学些什么呢？孔子说，学"六艺"。

艺，古代的写法 很有趣。左上面是"木"，代表一棵小树；左下面是"土"，旁边有个"人"，意思是要把小树种在土里。由此可见，古人眼中的学习就像种树一样，不仅要学要看，还要身体力行。树木需要时间来生根发芽，知识也要经过时间的酝酿，才能在生活中真正起到作用。

六艺的内容可有意思了，包括礼、乐、射、御、书、数。

所谓礼，是懂礼貌，讲规矩。孔子说"不学礼，无以立"，礼是古人的行为标准，规定了他们生活的方方面面，举手投足都不能随便。乐指音乐，行礼时要有乐声相伴，常听音乐还能陶冶性情，这也是古人学习的重要内容。射是射箭，御是驾驭马车，这是保卫国家的重要技能。要知道，孔子不只是个教书的文弱先生，他继承了父亲的体貌，身强力壮，擅长驾车射箭。至于书和数呢，类似于今天的语文和数学，这是古人必备的文化知识，要学古籍经典，会数理运算。

这就是六艺了，学礼乐，涵养人格，提升素养；学射御，掌握保家卫国的本领；除此之外，还要学书数，文化知识也不能少。真是有动有静，能文能武。是不是因为有了这丰富有趣的课程表，孔子才说"学而时习之，不亦说乎"呢？

不尽然如此！这句话看似简单，其实深藏奥义。

我们先看看周代金文中的"学"字 。

" "的上面是两只手，手里拿着 ，用来代表古代算术的算筹。下面是座房子，房中有个"子"。整体来看，就是一个小朋友在屋子里学数学。这个字演变后，成了现在的样子——学。

到了小篆" "中，原来的房子变成了秃宝盖"冖"。"冖"在古汉语中读 mì，指盖子、罩子一类用来覆盖的东西。我们想想，如果一个鼎被罩住，里面怕是密不透风。如果人被罩住，一定混混沌沌，什么都看不清楚。所以"学"就是要通过教育，把心中的罩子打开，让光明照进来。《说文解字》中说，"学，觉悟也"。学的实质就是通过启蒙，让我们获得心灵的觉悟，由此找到人生的方向，明白生命的意义和价值。

如果把"习"字也还原回古文字，你也会有惊喜的发现。

甲骨文　《说文》小篆　隶书（繁体）　楷书（繁体）　楷书（简体）

追溯到小篆，"習"上面是羽毛的"羽"。《说文解字》中说，"习，（鸟）数飞也"。"数飞"就是屡次飞翔，这是小鸟学飞的样子。你有没有见过，小鸟是怎么学飞的呢？

找一个好天气，去树林里悄悄蹲下，仔细观察。你会发现，小鸟和鸟妈妈站在树枝上，鸟妈妈先扑棱翅膀飞到另一根树枝上，小鸟一看，这两根树枝既不太近也不太远，就学着样子，一拍翅膀，也飞到那边。鸟妈妈飞回来，小鸟看看，拍拍翅膀也飞回来。就这么扑棱扑棱几个来回，鸟妈妈一拍翅膀飞上天空，小鸟也一用力，振翅腾空，开始真正的飞翔。

这就是"习"，它强调的是行为实践。如果小鸟静坐在树枝上，冥思苦想，可一辈子都飞不起来，那就成了"傻鸟"了。

"学习"现在变成了一个词语，在古汉语中其实这两个字各有侧重，"学"是心灵觉悟，开启智慧，偏重于知。"习"是练习和实践，偏重于行。"学而时习之"，暗含了知识与实践的结合，这是中国古人"知行合一"的大智慧。

讲到这里，"学而时习之"的探索之旅还没有结束。我们再来看另一个字"时"。"时"有适时的意思，要在合适的时间，做合适的事。根据《礼记》的记载，古人的学习和春夏秋冬的节奏是统一的。学习时要根据四季的特点，安排合适的学习内容。

春天生机勃勃，万物复苏，这时可以学习《诗经》。诗歌是内心志向、人生理想的表达，正合了一派生机盎然的自然气象。

夏天热烈奔放，花朵盛开，树木繁茂，仿佛整个大自然都特别欢快，这时学乐。古代的乐多为合奏，类似于今天的交响乐，就像百花齐放、百鸟合鸣的景象。

到了秋天，秋风萧萧，黄叶凋落，万物沉静肃杀，整个世界都安静下来，这时学书。在《尚书》中学习古代先王的历史经验和教训。

到了冬天，大地冰封，整个世界都收敛起来，寒冷静默，这时学礼。掌握做人的规范和各种礼仪。

"学而时习之"，是在大自然春夏秋冬的节奏中展开学习，把内心的觉悟落在行为实践中，在学习的过程中实现知行合一。这样的过程，让我们的生命不断充实、不断完整，当我们不断感受到自己的成长时，是不是一件让人由衷喜悦的事呢？

孔子真心热爱学习，在学习中感受到成长，这是他学习乐趣的来源。如果我们像他一样，在学习中感受热爱、收获成长，也能由衷说出："学而时习之，不亦说乎！"

鼎最早是炊具,是古代人煮食物和盛放食物的器具。所以有"鼎沸""鼎食"的说法。标准的鼎,有三条支撑的腿,所以叫"三足鼎立"。

古人重视祭祀先祖和神灵,祭祀时要用到鼎,还有其他青铜制作的礼器。为了区分不同阶层的身份,表示尊卑有别,当时的人们制定了严格的礼乐制度。比如祭祀的时候,天子可以使用九个鼎,诸侯只能用七个鼎。所以有"一言九鼎""问鼎中原"等词。

鼎用来祭祀,可以代表天子的权力。在金属稀缺的年代,能用高级的青铜做鼎,这是高贵身份的象征。因此,鼎也越来越不是普通的器具了,而是慢慢变成了象征礼乐、象征国家的礼器。

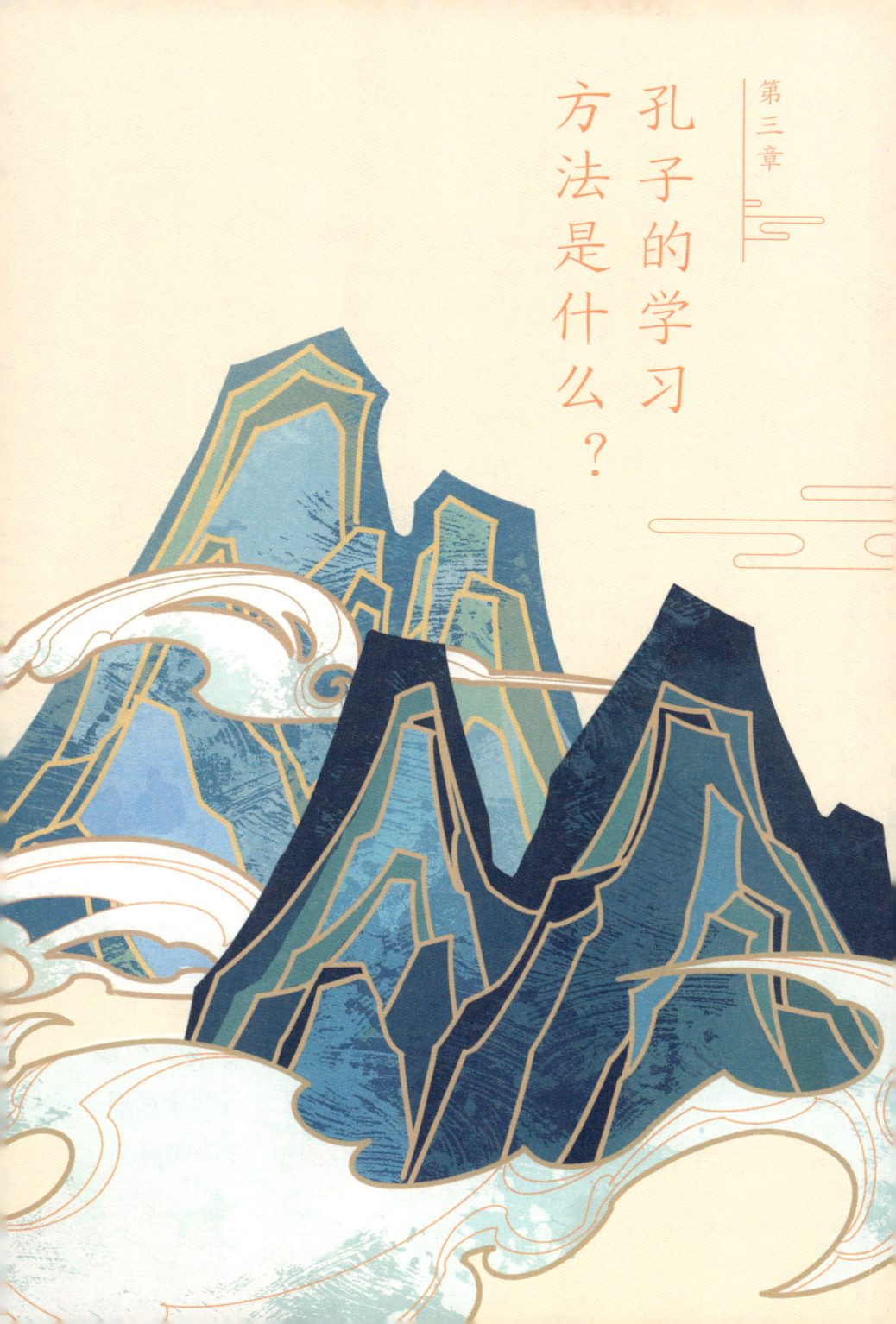

同学，你有没有追赶过什么，比如被风吹走的宝贝风筝，你会不会全力以赴地奔跑，追到时牢牢抱住，生怕再丢了它？

　　一定是特别喜欢的东西，才会让你紧紧追赶，追到又怕得而复失，这种忐忑的心情，孔子也常常经历。孔子为什么忐忑呢？他说："学如不及，犹恐失之。"关于这句话，我们先看"及"在古文字中的写法，对它的理解会更加形象。

甲骨文　　金文　　《说文》小篆　　隶书　　楷书

　　" "这个字，上面是一个侧面站立的人，下面有一只手，好像正要去抓住这个人，你想想，是不是一种很紧张的气氛？如果我们用"及"组词，你第一个想到的，是不是"及时"？

说起"及时"，中国四大名著之一《水浒传》中，梁山泊里一百单八将各有绰号，其中最重要的首领宋江，因为他总在危难关头的第一时间出现，救人于水火之中，因此得了绰号叫"及时雨"。这个"及时"，就说明情形紧迫，速度快，如果不紧不慢，等危难过去才赶到，那就不是"及时雨"宋江，而是"马后炮"宋江了。

"学如不及，犹恐失之"也一样，强调一种紧迫的气氛、紧张的态度。"学如不及"，就是像追赶什么东西一样，非常着急，一刻不停地追；"犹恐失之"，是不仅觉得可能追不到，还生怕把它弄丢，永远错失过去。

孔子在学习的时候，有一种迫切感，体现出他的专注和痴迷。这与他艰难的求学经历密不可分，也体现出他对学习的热爱。热爱，是最好的学习方法，这在孔子身上表现得淋漓尽致。

《论语》中还有一个孔子专注学习的小故事。

孔子年轻的时候，在鲁国没有得到重用，就去了鲁

国旁边的齐国，这是一个强大的国家。没想到，齐国的晏子无情地批评了孔子。孔子的弟子们心里都很不高兴，纷纷抱怨。孔子却很淡定，还打算暂时留在齐国，因为齐国有一种非常好听的音乐——韶。

韶是大舜时期的音乐，它歌颂了远古帝王禅让的制度，这象征着儒家最高的政治理想。禅让是指国君的政权传授不根据血缘，不传给自己的儿子，而是要选拔贤能，根据一个人的优秀品质把国家政权传给他。大尧并没有把帝位传给儿子，而是选拔了一个优秀的年轻人舜，大舜也是如此，把自己的帝位传给了大禹。

孔子说："你们不要小看齐国，在这里，我们能听到尽善尽美的韶乐。"《论语》记载，孔子听韶乐时非常入神，韶乐的高雅与深沉，仿佛让他看到了大舜的德行，"**三月不知肉味**"。他沉浸在音乐中，沉浸在先王之道的境界中，如痴如醉，吃饭竟尝不出肉的味道，这是怎样的一种专注！

子在齐闻《韶》，三月不知肉味，曰："不图为乐之至于斯也。"——《论语·述而》

这种内心迫切，奋发图强的状态，听起来有些"着急"。快快快，我要马上读更多的书，上更多的课，一刻不停，多多益善。孔子的学习态度真的是这样的吗？也不尽然。他之所以能成为大学者，不仅在于热爱，还在于他有非常科学的学习方法。

你们知道吗，根据科学家的研究，我们每个人的大脑中都有一条遗忘曲线。它的规律十分明显，遗忘的进程一般先快后慢，学到的知识在一天后如果不复习，我们很快就只能记得其中的一小部分，这就是短期记忆。短期记忆只有经过及时的复习强化，才会变成长期记忆，从而在大脑中保存很长时间。

孔子一定没想到，他提出的学习方法，在两千五百多年后，被科学家用实验论证了，这就是"温故知新"。

子曰："温故而知新，可以为师矣。"——《论语·为政》

这句话非常重要，是孔子对教育学的重大贡献。"故"是学过的旧知识，"新"是还没有掌握的新知识。

这句话是说，如果能在温习旧知识的同时，还学习新知识，就可以成为一个老师了。

看出来了吗？这句话的关键在于"温"。

什么是"温"呢？"温"在这里是动词，是一种缓慢加热的状态。古人常说"温一壶酒"，"温"不能用大火，而是一点小火，咕嘟咕嘟煮着，把热量慢慢加上去，从从容容，慢慢悠悠，怡然自得。读书也是一样，我们要沉下心来，在书中陶冶，或跟随古人的奇思妙想，或与先哲进行充满智慧的对话，或领略不曾见过的奇特风景。总之，在知识的海洋中，自在泛舟，悠然忘机，而不是在狂风暴雨中，充满焦虑地拼命划船，想要抵达目的地。

古人有一个词叫"学养"。学问就像养出来的一样，它是一种被阳光普照，被雨露滋养，渐渐丰茂，自然而然的过程。

所以，读书既要努力，又不能太过着急。要从容自得地温习旧知识，探索新知识，把握好学习的节奏，不能过犹不及。

说到"温故知新"，有一个关于苏东坡的小故事。

苏东坡你们一定不陌生，他是中国历史上有名的大才子、大文学家。他天性达观,学识广博,喜欢交朋友,各个阶层的人都特别喜欢他。他的文章波澜壮阔,纵横自如,气势磅礴,如海如潮,被古人称为"苏海"。

他这满腹才华、渊博见识是天生的吗?并不是。

苏轼被贬谪黄州时,听到有人念"官闲无一事,蝴蝶飞上阶",觉得诗句雅趣,一问才知作者是朱载上,不久两人就认识了。一日朱载上去拜访苏轼,等了很久,苏轼才出来,非常抱歉地说:"刚刚日课没有做完,没能及时出来。""日课"就是古人每天的学习功课。朱载上好奇地问:"先生所做的是什么日课?"苏轼说:"我在抄写《汉书》。"

什么,抄写《汉书》?!

《汉书》是中国继《史记》之后的又一部史书巨著,作者是大史学家班固,其中记载了西汉从汉高祖到王莽的全部历史。全书包括"纪"十二篇、"表"八篇、"志"十篇、"传"七十篇,是古代读书人的必读书单之一。

《汉书》虽然厚重,但苏轼有超人的天赋和记忆力,读书过目不忘,怎么用得着手抄呢?朱载上不信,可没想到苏轼说,这部《汉书》他已经手抄了三遍,刚开始随便找一篇,说出题目里的三个字,他就能背出全文,后来只用说出两个字就可以。而现在，苏轼对朱载上说："你列举题目里的一个字试试？"

朱载上将信将疑，拿出一册《汉书》随手一翻。"嗯……贾。"

"贾谊，洛阳人也，年十八，以能诵诗书属文称于郡中。河南守吴公闻其秀材，召置门下，甚幸爱……"

朱载上目瞪口呆，听着苏轼一字不漏地背完《贾谊传》，真是心悦诚服。他一回家就和儿子说："苏东坡这样的大天才都这么勤奋，我们怎么能不努力呢？"

苏轼读书，是要读熟、读透，达到脱口而出的境界，堪称"温故"的典范了。正是这"温故"的功夫，让他学养深厚，写起文章来行云流水，从容自得，下笔如有神助。

孔子告诉我们，学习要先有"学如不及，犹恐失之"的主动精神，再有"温故而知新"的勤奋和韧性。只要掌握了孔子学习的智慧，把握好学习的节奏，我们就既能享受学习的快乐，又能收获学习的成果。

知识拓展

相传周朝立国之后,将前代遗留的《云门》《大章》《大韶》《大夏》《大濩》,加上新创作的《大武》,重新编排,用于歌颂圣王的武功或文德,这就是"六代舞",也称"六代乐",是规格最高的祭祀舞曲。

孔子在齐国听到的韶乐就是《大韶》,他夸赞这首古舞曲"尽美矣,又尽善也"。意思是说,这首舞曲宣扬了尧禅让帝位给舜,舜禅让帝位给禹的美德,这是"美"。禅让制让天下平和安定,没有朝代更替的纷争战火,这是"善"。这句话衍生出成语"**尽善尽美**",表示极其完善美好。

可惜的是,后来礼崩乐坏,诸侯纷争,周朝灭亡。到了秦一统天下时,六代乐保存下来的只剩下《大韶》和《大武》。后来,也都慢慢失传了。

第四章
孔子的学费为什么这么便宜?

同学们，当你们坐在窗明几净的教室里认真听课的时候，你们知不知道，在遥远的孔子时代，教育活动是怎样进行的呢？那个时代的学生，是不是和我们今天一样享受着义务教育，只要轻轻松松去上课就可以呢？

我要告诉你，那时候求学的学生，可真没今天这么幸运。两千五百多年前，孔子求学的时候，教育资源都掌握在贵族手中。平民的孩子想要读书，要替贵族老爷赶车喂马，伺候他们，才有机会换取一点文化知识。

这就是所谓的"学在官府"，这是西周时期教育的显著特点，所有的文化活动都由王官把持，礼器也都在官府之中。教育活动在官府中进行，官员同时也是老师。

孔子幼年丧父，家境贫寒，求学之路十分艰难。他的学问，都是替贵族辛辛苦苦做事，不顾白眼和冷遇，珍惜一切可以学习的机会得来的。到了孔子三十岁时，他终于学有所成，被越来越多的人认可和尊重。渐渐地，开始有人向他求学，面对来之不易的知识，仁爱宽厚的孔子并没有秘而不宣。恰恰相反，正是因为他经历过艰难的求学过程，明白贫穷人家的孩子对知识的渴望，孔子决定把自己辛苦得来的知识，无私地散播出去。他要做一件在中国历史上从来没有过的事——创办私学，普及教育。

孔子说了一句掷地有声的话，"**有教无类**"。

"类"，顾名思义，就是分类、类别。有类别就有等级，古时候人被分成三六九等，根据出身，划分阶层。只有地位尊贵的贵族子弟，才有资格享受好的教育。可孔子却说，他教学生，不考虑他们的出身、地位、国别、贫富，凡是要来学习的，都可以接受教育。这是孔子的伟大创举——有教无类。在中国历史上，他第一次打破了"学在官府"的传统，让所有愿意求学的人都能得到受教育的机会。

也许有人会问，孔子开设私学，他真的是在普及平民教育吗？还是借故收学费，用知识换取钱财呢？这个问题，关键在于孔子究竟收了多少学费。

要不你先猜猜？是二两银子，还是十吊铜钱？我保证你怎么也猜不对，因为孔子的学费不是钱，而是腊肉。用腊肉当学费，这是孔子亲口说的。

子曰："自行束脩以上，吾未尝无诲焉。"——《论语·述而》

这句话乍一看不好懂，一拆分就很好明白了。

"行"是"送"的意思，"束"是捆起来的一小把，"脩"是干肉，也就是腊肉，"诲"是教诲。整句话连起来就是，只要送给我一份捆起来的腊肉，我就给予教诲。孔子收的学费竟然是腊肉。按古代的度量衡，一束为十条，那么重要的问题来了，到底是十条多大的腊肉呢？

如果是那种用肩扛、用小车推的大腊肉，十条腊肉可真不少！《史记·孔子世家》中记载，孔子弟子三千，要是一人十条大腊肉，孔子家得有三万条大腊肉，可以前店后厂，开一个"孔记腊肉铺"了。那还算什么平民教育呢？明明是借教育赚钱啊。孔子的平民教育到底是怎样的呢？我们先来好好了解一下古代的腊肉吧。

　　古人为什么做腊肉？因为那时候没有冰箱，一旦杀猪宰牛，肉的保存就成了大问题。用特殊工艺加工的腊肉，水分减少之后，用盐防腐，就可以长时间保存了。做腊肉，先要把肉加工成肉脯。古人通常切下一块猪肉，撒上盐和花椒水，抹匀之后用小锤子敲打使之入味，然后挂起来晒干。这个过程重复好几遍，这块猪肉就会缩水、变干，成了一块猪肉脯。然后再把这块肉脯切成一条一条的，继续撒盐和花椒水，再次反复敲打和晾晒，肉脯就变成一条条又细又长的干肉，就叫脩了。

　　"脩"最开始是指细细长长的肉条。古书里虽然没有明确记载它的长度，但我们找到了关于肉脯的记载。一块肉脯长一尺二寸，古代一尺的长度和我们今天的不一样。根据考古学发现，在河南安阳殷墟发掘出周代的尺，相当于今天的21.92厘米。在河南洛阳发掘出战国的尺，约等于今天的23厘米，根据这些尺来推算，一尺二寸的肉脯约27厘米。

　　"脩"由肉脯加工而成，就一定短于27厘米，我们可以比画一下，它一点也不大。"束脩"是十条腊肉，也就是一小捆而已。无论在古代还是今天,都是菲薄的见面礼。远道而来的学子既不用推,也不用扛,只要把"束脩"恭恭敬敬地捧在手里,送给老师就可以。

孔子的学费表现了他对教育的真诚。我们想象一下,孔子兴办私学、招收平民子弟的消息一传开,有多少远方的学子兴奋不已。他们跑回家,兴冲冲地和父母说,快给我蒸馒头,准备路费,鲁国有个叫孔子的老师知识非常渊博,他去过好多地方,学问大得不得了,人们都很尊重他。最关键的是,他不收昂贵的学费,只需要一捆肉脯,我们再也不用讨好那些贵族老爷了!

孔子的学费如此便宜,有很多出身贫寒的人慕名而来,其中最有名的,也是孔子最喜欢的学生,就是颜回。

颜回家非常贫穷,穷到什么地步呢?孔子在《论语·先进》中说:"回也其庶乎,屡空。""屡"指多次,"空"指贫穷无财,家徒四壁。颜回常常没有钱,生活无以为继。那他平时怎么生活呢?《论语》中描述:

yì dān shí　　yì piáo yǐn　　zài lòu xiàng　　rén bù kān qí
一箪食,　　一瓢饮,　　在陋巷。　　人不堪其

忧，回也不改其乐。贤哉，回也！——《论语·雍也》

颜回每天吃喝很少，只有"一箪食""一瓢饮"，一个小竹筐盛着简单的粮食，还有一瓢生水。他住在"陋巷"，也就是特别简陋的，连马车都进不去的破巷子。可想而知，如果没有孔子的平民教育，这样贫穷的孩子要想学习知识有多艰难！幸亏他遇到了孔子，才能身在陋巷，却最终成为被人尊重的一代圣贤。这则故事也衍生出成语"箪食瓢饮"，用于形容贫苦的生活。

孔子的平民教育寄托了他的全部真诚，在教育为贵族垄断的春秋时期，他推行的"有教无类"简直是一个神话！这种教育活动没有任何附加条件，只要弟子热爱学习就行。孔子怀着广博仁爱之心，创办私学，给无数贫寒人家的孩子提供了获得知识、习得文化的机会，赋予了他们此后人生的无限可能。

有教无类，是有着博大胸怀的教育家孔子，对中国文化的最伟大、最动人的贡献。

知识拓展

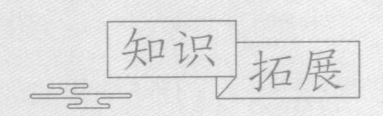

孔子诞生于夏历8月27日，你知道吗，我们的教师节也曾经是同一天。

最初，民国的教育人士将6月6日设立为教师节。到了1939年，民国政府决定将教师节合并到8月27日孔子诞辰（实为夏历8月27日），因为孔子是"万圣之师"，把他的生日作为教师节，体现出教师对于孔子教育精神的继承。但这一决议并没有在全国执行。等到中华人民共和国成立之后，教师节的日子也多番变动，最终直到1985年才确定为现在的9月10日。

第五章

孔子是怎么教育学生的？

孔子创办私学、招收平民子弟的消息一传开，天南地北的学生都慕名而来。《史记·孔子世家》中记载："孔子以诗书礼乐教，弟子盖三千焉。"三千弟子，规模完全比得上现在一所学校的规模了呢。

这么多学生，孔子如何开展教育活动呢？他能成为中国最伟大的教育家，他有什么卓越之处呢？答案就是——孔子爱当"两面派"。

两面派？难道他是当面一套，背后一套的伪君子？我们看完《论语》里的小故事就明白了。

子路问："闻斯行诸？"子曰："有父兄在，如之何其闻斯行之？"冉有问：

"闻斯行诸?"子曰:"闻斯行之。"公西华曰:"由也问'闻斯行诸',子曰'有父兄在';求也问'闻斯行诸',子曰'闻斯行之'。赤也惑,敢问。"子曰:"求也退,故进之;由也兼人,故退之。"——《论语·先进》

这一天,孔子的弟子子路去问孔子:"夫子,闻斯行诸?"就是说,我听说了一个好主意,是不是应该就马上去做呢?

孔子说:"子路啊,你父亲和兄长都在,你不先去问问长辈的意见,怎么能听到什么马上就去做呢?"子路想了想夫子的话,觉得很有道理,若有所思地走了。

过了一会儿冉求[①]过来,冉求也问:"夫子,闻斯行诸?"冉求也想知道,听说了一个好主意,是不是应该

---

① 冉求,字子有,也被称呼为冉有。

马上去做呢？这回孔子说："对啊冉有，听说了一个好主意，当然要马上行动了。"冉求得到肯定的回复，顿时信心倍增，踌躇满志地走了。

这让全程旁观的公西华一头雾水，公西华口才好，懂礼仪，有外交才能，是孔子门下七十二贤之一。他忍不住上前问："夫子的回答为什么自相矛盾呢？听到一个好主意，究竟做还是不做呢？"

面对他的困惑，孔子不紧不慢地说了一句话："求也退，故进之；由也兼人，故退之。"要理解这句话，要从子路和冉求不同的性格说起。

孔子第一次见到子路，可谓印象深刻。这个学生身披野猪皮，头插野鸡毛，见了孔子，得意扬扬地自我介绍："夫子，野猪是我打死的，野鸡是我射下来的！"这形同野人的子路，真让孔子吃了一惊。

子路后来一直跟着孔子求学，他勇猛耿直，性情粗犷，为人豪爽，与孔子成了关系亲密的师友。孔子信任他，曾在从政失意时说："道不行，乘桴浮于海。从我者，其由与。"在乱世中，我的理想实现不了，我要驾着一叶小舟到海外去，愿意跟着我的人，肯定是子路!子路一听,喜出望外,立刻摩拳擦掌要伐木造舟。孔子赶紧拦住他,自己只是感慨而已,但子路的行动力太惊人了,得把他拉回来。他真是勇猛过头,谨慎不足,有些鲁莽。

面对这样的子路来问"闻斯行诸",孔子当然要说,不可以,一定要多考虑考虑,三思而后行。

那冉求是怎样的人呢?

《论语》中记载过冉求的故事,当年季氏要去泰山祭祖,可唯有君主才能去泰山祭祀,季氏这是不尊礼法。冉求是季氏的家臣,孔子要他去劝阻季氏,可冉求却说:"夫子,不是我不认同你的理念。只是我力量不足,真的做不到啊!"

季氏旅于泰山。子谓冉有曰:"女弗能救与?"对曰:"不能。"子曰:"呜呼!曾谓泰山不如林放乎?"——《论语·八佾》

别看冉求在战争中是一员猛将，可遇到日常琐事，或涉及道德修养时，他往往犹豫不决，瞻前顾后。他有畏难情绪，容易退缩，时常怀疑自己，"我做不到啊"是他的口头禅。

面对这样的冉求来问"闻斯行诸"，孔子就会说，不要犹豫，马上去做。这是在鼓励他要行动起来。

《论语》中说："求也退，故进之；由也兼人，故退之。""求"是冉求，"退"是退缩，缩手缩脚。冉求有畏难情绪，容易退缩，"故进之"，所以要鼓励他前进。"由也兼人"，"由"是子路，"兼人"指一个顶两个。子路胆量大，容易冲动鲁莽，"故退之"，所以让他收敛、谨慎一点。

明白了吗？这就是孔子的"两面派"，也就是"因材施教"。一个好老师，要根据学生的不同性情、不同特点，来进行合适的教育。这是一种高度的教育智慧。

除了根据学生的个性因材施教，孔子教课还有什么特点呢？

他的学生颜回说："仰之弥高，钻之弥坚，瞻之在前，忽焉在后。夫子循循然善诱人，博我以文，约我以礼，欲罢不能。"这段话翻译过来意思就是：夫子的学问与道德，我抬头仰望，越望越觉得高；我努力钻研，越钻研越觉得不可穷尽。看着好像在前面，忽然又好像在后面。老师善于一步一步地引导我，用各种典籍文献来丰富我的知识，又用各种礼节来约束我的言行，使我想停止学习都不可能。

"**循循善诱**"这个成语，就出自这里。孔子顺着学生的思考，慢慢引导他，启发他，让学生自己得出对问题的深刻理解。

关于对学生的启发，孔子还说过一句话："**不愤不启**，不悱不发。"

启发学生，要让学生处于"愤"和"悱"的状态下才行。在这里，"愤"不是愤怒，而是一种情感涌动的状态。有一件事想不明白，非常着急，内心有一种压抑不住的情感，一定要知道最终的答案。那种在强烈的压抑之下，将出未出的状态就叫"愤"。

那什么是"悱"呢？根据宋代大哲学家朱熹的解释，"悱"是心里想着一件事，似乎想明白了，但就差一点，表达不出来。我们是不是有这样的经历，被老师提问时，好像话在嘴边，可是就差那一点，说不出

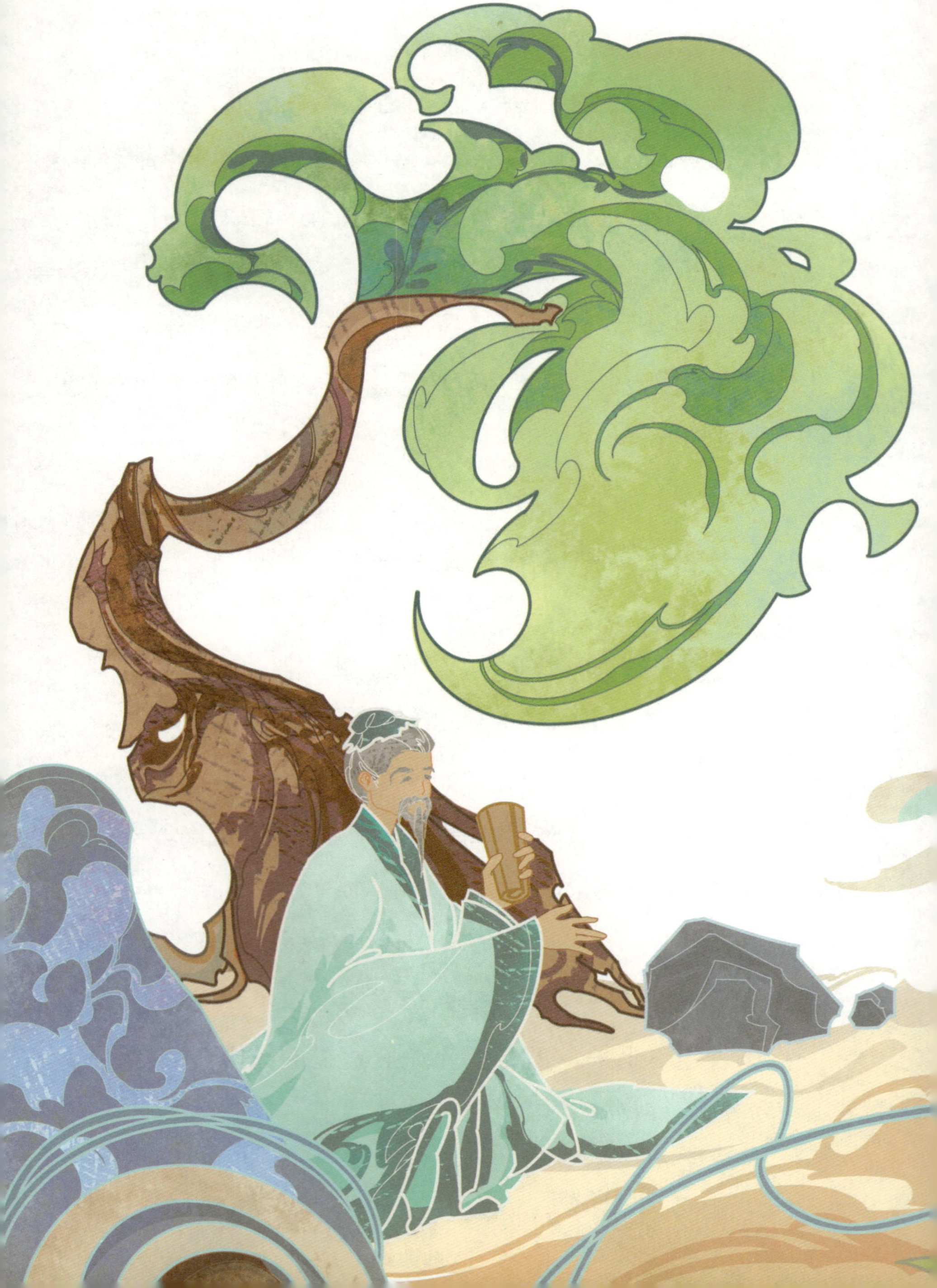

来,这种状态就叫"悱"。

在感到"愤"和"悱"的时候,需要老师启发点拨,一下就清晰明白了。"启"是什么?我们可以看一看"启"的古文字,它非常形象。

左边是一扇门,右边是一只手,"启"就是伸手打开一扇门,引申出"启发"的意思。通过老师的启发,让思考猛然获得一个出口,灵感喷薄而出。

"不愤不启,不悱不发",其中蕴含着孔子教育学生的大智慧。他要给学

生充分思考和自由成长的空间，等到最合适、最有效的时机，再启发他们。

就像孔子问子路："子路啊，你喜欢什么呢？"

勇猛过人的子路唰地抽出宝剑："夫子，我喜欢宝剑！"

孔子说："人不能只喜欢宝剑，也需要学习的。"

子路不以为然地说："我才不需要学习，我品质好得像南山上的竹子，它们质地坚硬，修长挺直，若制成竹箭，便能射死犀牛和各种猛兽。"

孔子听着点点头，说道："竹子真是好材料，这么好的材质，如果给它做上箭头，安上箭尾，它一定射得更快更好，令你**事半功倍**。这就是学习的作用，让你百尺竿头，更进一步啊。"

子路听到这里才恍然大悟。他这样的倔脾气、直性子，孔子只有这样循循善诱，在适当的时机启发他，才有可能让他真正心悦诚服。

那孔子教学的时候，发过脾气吗？他是对所有学生都听之任之吗？想要知道答案，我们再来看一个小故事。

相传孔子教学，附近杏花盛开，所以他教书的地方也叫杏坛。这一天,孔子在杏坛教课,发现弟子们都来了,唯独不见宰予。

夫子便问:"大家都来了,宰予去哪儿了呢?"

颜回不知如何回答,子贡则毫不客气地说:"夫子,我们去宰予的住处看看?"

孔子便到了宰予家。日头高照,可宰予还在屋里酣睡,这一幕让孔子勃然大怒。

宰予昼寝,子曰:"朽木不可雕也,粪土之墙不可圬也!于予与何诛?"子曰:"始吾于人也,听其言而信其行;今吾于人也,听其言而观其行。于予与改是。"——《论语·公冶长》

"昼寝",顾名思义,就是白天睡觉。对于宰予昼寝,孔子说了那段著名的以文雅之词骂人的话——朽木不可雕也,粪土之墙不可圬也!

这里的"粪土之墙"不是字面意思，而是指掉渣的烂泥之墙。这句话是说，腐坏的木头无法雕刻成才，破败的朽土之墙不可再行粉刷！宰予啊，你真是无可救药了。

宰予睡个懒觉，孔子至于那么生气吗？

这就需要了解古人的生活方式了。古人照明设备有限，一般人家点灯熬油都相当奢侈，所以通常太阳落下就睡觉，太阳升起就起床下地干活。日出而作，日落而息，夜晚的睡眠时间足够长。与此同时，古人做饭需要烧柴搭灶，烹制非常耗时，在有限的自然光时间内，他们一天只吃两顿饭。早晨九点左右朝食，下午四点左右晡（bū）食。而且古人用餐礼仪繁多，吃饭时要各种行礼，一顿饭别提要吃多久了。

了解了古人的日程表，再来看看宰予的一天。

他六七点起床，做做健身操，就到了准备朝食的时间。九十点吃完，刷完鼎十一点，昼寝！两点起，准备晡食，四五点晡食，六点刷鼎，七点洗洗睡啦。宰予的这一天，浑浑噩噩，毫无建树地过去了。当老师的如何不生气？而且就在几天之前，宰予还认真表示，自己一定要刻苦读书，奋发图强。没想到，他这么懒惰，对学习如此懈怠。

孔子感叹道："始吾于人也，听其言而信其行；今吾于人也，听其言而观其行。"就是说，我一开始对待学生，听他说什么就相信他能做什么，今后我对待学生，不只要听他说什么，更要看他具体的行为，是不是言行一致。这是孔子的另一种教育智慧。

孔子了解学生，根据每个人的性情，因材施教；他循循善诱，给学生充分的独立思考与成长的空间，在关键的时候点石成金；他批评懒惰的学生，要求他们言行一致。孔子又温暖又严格，关注每个学生的个性发展，正是这样的教育智慧使他成为万世师表。亲爱的同学们，如果你在求学路上也遇到了这样的好老师，可真是人生最大的幸运。他的温柔敦厚、智慧言行，会滋养你整整一生。

知识拓展

与孔子私学相对,春秋战国时期值得一提的官学是——稷下学宫。

稷下学宫由战国时期的齐国建立,因设立在齐国都城临淄的稷门附近,故得名"稷下学宫"。

稷下学宫历经齐国六代君主,先后历时一百五十多年,直到秦国灭齐才止。学宫面向天下学子,为齐国招揽天下人才,可谓百家争鸣。儒家学派的孟子、荀子,道家学派的田骈,阴阳家学派的邹衍,名家学派的公孙龙,都到过稷下学宫。

正因为有这么多优秀的人才会聚在一起,而且思想开放,鼓励诸子百家相互辩论,稷下学宫成了当时的学术中心和教育中心。

第六章

儒家学派的核心思想是什么?

爱读书的你们知道孔子，一定也听说过儒家学派吧？

儒家学派起源于春秋末年，这是一个百家争鸣的时代。周天子威权不再，小国分立，征战不休。诸侯们为了富国强兵，开始竞相改革，招贤纳士。在这样的背景下，中华大地上涌现出一大批富于智慧的思想家，这些人建立的流派、学说争奇斗艳，以儒家、道家、墨家、法家等为代表，与同时期的古希腊文明交相辉映。可以说，那是一个混乱的时代，却也是文化极度自由，最为光辉灿烂、群星闪耀的时代。

在这些流派当中，对中国文化影响最为深远的，便是以孔子为代表的儒家学派。儒家思想奠定了中国人的文化根基。博大精深的儒家学派，它的思想核心是什么呢？

是仁爱。这么简明的答案，是不是有些出乎意料？

我们看看孔子主张的仁爱究竟是什么，它又何以成为儒家思想的精髓。一切在《论语》中都有答案。

孔子六十多岁时，在和弟子的一次讲学中说："吾道一以贯之。"

孔子说，我的道理用一个总纲领就能够贯穿起来。听到这句话，弟子们都明白，夫子这是要对自己一辈子的学问，做一个重要总结了。

他们十分期待，睁大眼睛看着孔子。可孔子没说什么，他缓缓地注视着自己的学生，最终把目光落在曾子身上。

曾子是谁呢？孔子为什么期待他来替自己做总结？

曾子是孔子的小弟子，他略显木讷，但非常注重修身养性。《论语》中著名的"吾日三省吾身"就出自曾子。古人的"三"不是指具体数字，而是表示多的意思。曾子时时刻刻都在反省：我为别人出谋划策，是否尽心尽力？我和朋友交往，是否诚实守信？老师教我的知识，是否及时温习？

这样的曾子，尽管愚钝，但凭借坚持不懈的努力，日益接近仁爱的境界。最终成为孔子非常重要的学生。

当孔子说出"吾道一以贯之",并看向这个刻苦恳切的弟子时,曾子心领神会,看着孔子说了一个字:"唯。"孔子会心而笑,师生两人沉浸在和谐的默契中,都不再多言。

"唯"?这是什么意思呢?在先秦时,古人表示答应有两种方式,一种是"唯",一种是"诺"。我们今天有个成语"唯唯诺诺",从字面意思看,就是这个人一直忙不迭答应这个,答应那个。"唯唯诺诺"指的是一味顺从别人的意见,没有自己的主张。"唯"和"诺"都表示答应,但含义还有细微的差别。

"唯"和"诺"相比,语气更为诚恳。古人说"父命唯而不诺",是说回答平辈或小辈的话可用"诺",但回答父亲或其他长辈,一定要用"唯"。

"唯"是指非常恳切、用心的应答。

对曾子那一声"唯",其他弟子感到很是迷惑,待孔子一离开,大家都围上来问曾子:"夫子刚才说的究竟是什么?你又明白什么了?"

曾子不慌不忙地说:"夫子之道,忠恕而已。"

子曰:"参乎!吾道一以贯之。"曾子曰:"唯。"子出,门人问曰:"何谓也?"曾子曰:"夫子之道,忠恕而已矣。"——

《论语·里仁》

忠和恕,就是贯穿了孔子一生所学的大道,也是仁爱精神的核心。

什么是忠恕呢?这两个字的含义和现在不太相同。先说忠。

有一次,子贡问孔子:"如有博施于民而能济众,何如?可谓仁乎?"就是说,如果我做一个慈善家,向百姓广施恩惠,算不算仁呢?

孔子知道子贡会做生意,非常有钱,想通过施财实施仁爱。可这么一来,难道只有富人才能达到仁爱的境界吗?孔子婉转地否定了子贡,说这是尧舜都做不到的,何况你子贡呢。

子贡明白了老师的意思,又接着

问,那到底什么是仁呢?

"夫仁者,己欲立而立人,己欲达而达人。能近取譬,可谓仁之方也已。"——《论语·雍也》

孔子说:"夫仁者,己欲立而立人,己欲达而达人。"真正的仁者,想要自己立于天地之间实现理想,就要帮助每个人都堂堂正正地挺立;想要自己在世界上通达无碍,就要帮助其他人也通达无碍。这便是自利利他的精神,这就是忠。先树立自己的生命境界,然后从小我走向大我,从小世界走向更广阔的天下境界,帮助每个人都成为最好的自己。

子贡非常赞同,接着问,利人的境界如此之高,该从何做起呢?

孔子说:"能近取譬,可谓仁之方也已。"能从眼前的小事,从生活中的一点一滴做起,就是实践仁爱的方法了。孔子的仁爱之道,既有高远的理想,也有当下细微点滴的积累实践，可不只是高高在上的大道理。

子贡听了很受用，恳切地问："那您的仁爱之道中，有没有一句话可以奉行终生呢？"孔子想了想说："大概是恕吧。己所不欲，勿施于人。"

子贡问曰："有一言而可以终身行之者乎？"子曰："其恕乎！己所不欲，勿施于人。"——《论语·卫灵公》

"**己所不欲，勿施于人**"，这是一句可以成为我们的行为指南，奉行终生的话。自己不想要的东西，也不随便施加给别人。想做什么的时候，先问自己如果别人这样待我，我愿意吗？"己所不欲，勿施于人"，就是要将心比心地体察别人的感受，再用这种感受来约束自己的言行。这就是恕道，也就是仁爱了。

总结一下：仁爱是孔子贯穿一生的大道。仁爱是什么？"忠恕而已"。"己欲立而立人，己欲达而达人"，是说对别人要甘于奉献和提供帮助，有无私的忘我精神，此为忠。"己所不欲，勿施于人"，是说自己不想要的，也不随便施加给别人，此为恕。

一忠，一恕，一个告诉我们应该努力做什么，一个告诉我们一定不能做什么。孔子用最简单的语言，清晰地展现出成为仁者的基础途径。顺着这个途径，实现仁爱并不遥远。孔子说："仁远乎哉？我欲仁，斯仁至矣。"仁爱之道离我们很遥远吗？我要它，它就来了。

孔子正是这样一个心怀仁爱的践行者。他对理想追求不懈，将自己的一生真诚奉献给他所看到的整个世界，他教育学生，惠及平民，让每个人都有机会成为堂堂正正的君子，成为像颜回、子路、子贡、曾子这样的贤者。孔子让我们看到仁爱并不遥远。将仁爱牢牢记在心里，去实践它，我们就会成为更好的自己，成就更好的他人。每个人都践行仁爱，成为仁者，我们就会有更好的家庭，更好的学校，更好的国家。

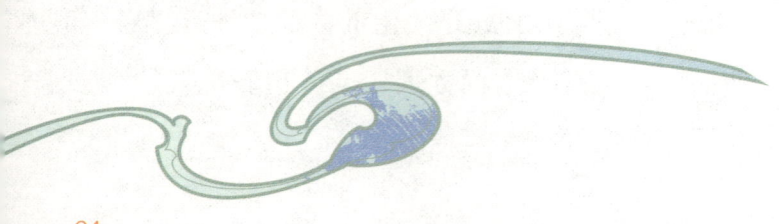

知识拓展

德国思想家雅斯贝尔斯提出一个观点——轴心时代。

"轴心时代"指的是,在公元前800年至前200年之间,世界的不同区域形成了三大轴心文明,即中国先秦文明、古希腊文明、古印度文明,这三个地方的文明同时迎来了重大突破。

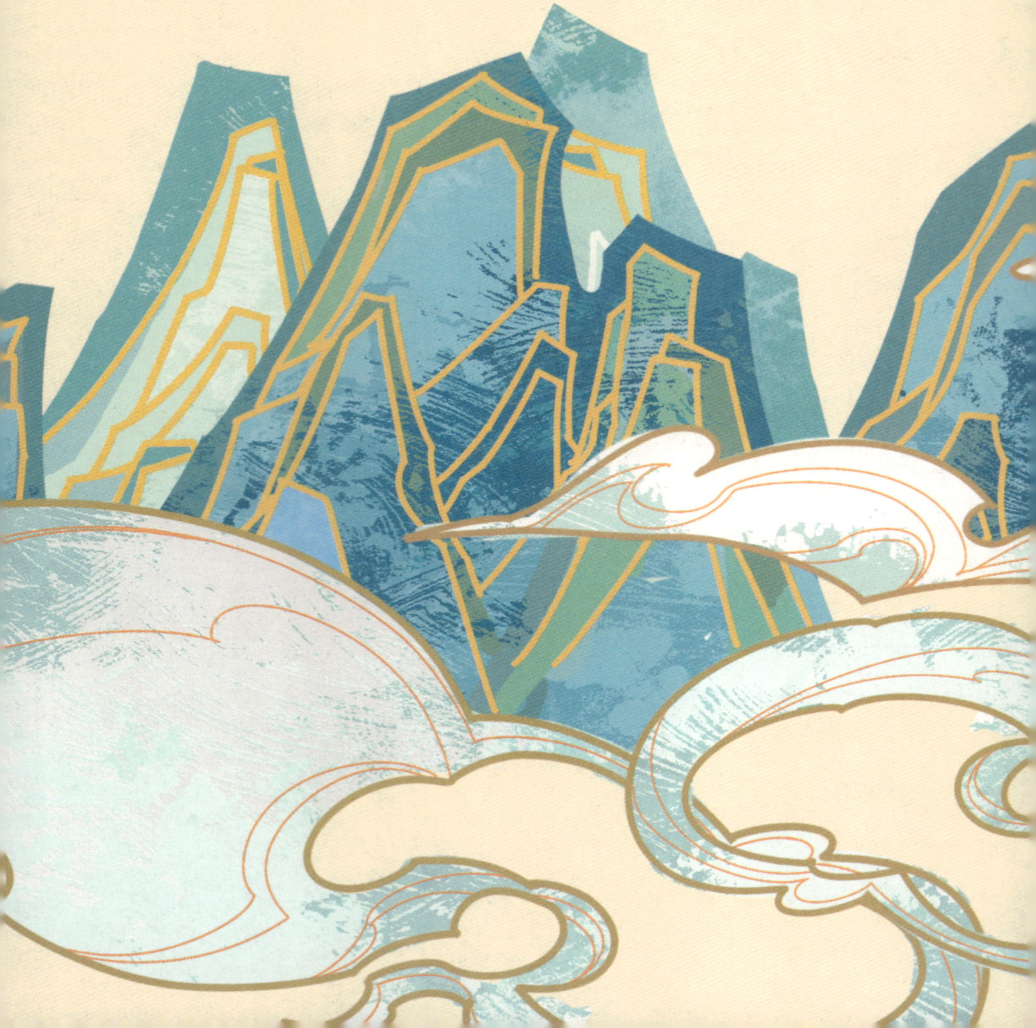

第七章 《论语》中的孝道

学习到这里,我们一点点了解了孔子的伟大,虽然不能与这位两千五百多年前的圣人直接对话,但通过《论语》,我们已经知道如何学习,如何践行教育,如何心怀仁爱地对待他人。孔子教我们从日常小事做起,那他有没有说,我们该如何对待最重要的父母呢?

当然有,孝道是仁爱之道很重要的一部分。

你一定听过"百善孝为先"这句话,在中华优秀传统文化里,孝道占有举足轻重的位置。在古代,更是基本的道德规范。

中国最早解释词义的著作是《尔雅》[1],它对孝的解

---

[1]《尔雅》是一本词典,它收录解释了先秦的很多词汇,专门研究它的学问叫"雅学"。

释是"善事父母为孝"。汉代贾谊在《新书》中说"子爱利亲谓之孝",自古以来,都以善待父母为孝。东汉许慎的《说文解字》从字形解释了孝的含义:"孝,善事父母者。从老省、从子,子承老也。"这是说,"孝"是由"老"字去掉下半部分,和"子"字组合而成的,所以"孝"指的是子女对父母的关爱和照顾。

在孔子看来,孝道是仁爱之道的基础,在讨论孝道时,也充满着浓郁的人情味,而不是刻板的道德说教。在《论语》中有这么一句话,"孝弟也者,其为仁之本与"。

"弟"是"悌"的假借字,是尊重兄长的意思。孔子说,孝敬父母、尊重兄长,这是仁爱的根本。在儒家看来,一个人想成为仁者,先要从家庭中的孝顺父母、尊重兄长开始,再把这种孝悌之爱推广到每一个人。孝道和仁爱之道密不可分。仁爱之道是一种人和人之间的温暖,孝道也充满了我们与父母兄长间的温情。

有一次,弟子来问:夫子,给我们讲讲孝道吧?

孔子说:"父母,唯其疾之忧。""其",此处指子女。翻译过来就是说,父母会为子女的疾病而担忧。

孩子生病，爸爸妈妈担心，这是多么简单朴素、人尽皆知的道理，孔子为什么要用这句话来讲孝道呢？

孔子是要告诉我们，子女的一举一动、一言一行都会让爸爸妈妈操心。我们生病了、打架了、受伤了，最担心、最难过的就是自己的父母。这句话看似简单，实际上是在提醒我们：什么是孝道？就是作为子女，要有一种责任感。不要只想着给父母做点什么，关注点只放在父母身上，还要多看一看自己，如果我们做到爱惜自己的身体，不做让父母担忧的事，这也是对父母最好的报答。

当你意识到这种责任感时，就不会胡作非为，不会随便打架，不会伤害自己。因为你知道，这个世界上有最关心、最惦记你的人，他们与你的心紧紧相连。在生活中多考虑一下他们，我们做起事来，自然会更加妥当，这是对父母尽孝的很重要的一个部分。

除了责任，孔子还很看重孝道中的诚心。

在《论语·为政》中，子游问什么是孝。孔子说："今之孝者，是谓能养。至于犬马，皆能有养。不敬，何以别乎？"

"养",是指给父母养老。在古代,老人没有退休金,全靠子女赡养。孔子这句话是说,我们今天说的孝顺,是给父母养老送终。可这是我们对自己所养的马、养的狗都能做到的。如果在养父母的时候,心中没有敬意,没有一份真诚而深切的爱,那与养马和养狗又有什么区别呢?

一个"敬"字,就知道孔子最看重的是人心。真正的孝道在于诚挚的孝心,不是简单地花过多少钱,做过多少事。在尽孝的过程中,要怀抱着由衷的敬爱之情。

除了责任与真诚,孔子心中的孝道,还包含着对父母的尊重。

在《论语·为政》中,子夏也来问孔子,何为孝?孔子想了想,说了两个字:"色难。"

"色",就是表情。孔子说,尽孝这件事,你的表情最难。

听起来真是奇怪,我们对爸爸妈妈好,什么叫"表情最难"呢?可仔细一琢磨,孔子可真是个细节大师!他注意到很多人在尽孝的时候,不是不爱他们的父母,而是心里难免觉得烦,无意中就表现在脸上,表情不受控制。我们想想,是不是觉得爸爸妈妈有时候真的很唠叨,吃饭时唠叨我们上课要注意听讲,看电视时又唠叨我们要早点睡觉,听多了真的很心烦。孔子提醒我们,要做一个孝顺的子女,就要好好管住自己的小脾气。我们细微的表情,也在牵动父母的心。当你带着尊重父母的心与父母相处时,就不会轻易在他们面前发脾气,摆脸色了。

说到这里,好像孝道就是要我们不管不顾地一味付出?当然不是,孔子一向以人为本,他提倡的孝道也是合情合理的。在他心中,孝道并不是单向的,而是我们与父母之间的彼此成全。

他说过一句非常有名的话:"父母在,不远游。"

这句话今天看起来很难理解,难道父母健在,孩子就不能去远方旅行了吗?这也太限制人身自由了吧?!

要这么理解，可真是误会孔子了，孔子哪里会这么刻板呢。他所在的两千五百多年前，"游"不是指旅游，而是指游学，或是游仕。游学，是去远方求学；游仕，是去别的国家做官。

古代的交通远远没有今天便利。比如说，我们今天从孔子当时所在的鲁国到他国晋国，也就是从山东到山西，不论坐飞机还是坐高铁，都十分便利。可要回到古代，靠车马或者步行，道路崎岖，一走就是一两个月。若是去求学或者做官，更不知道多久才能回来了。爸爸妈妈会多么思念孩子啊。要是父母年事已高，遇到难事，又有谁来照顾他们呢？

所以孔子说"父母在，不远游"，成年的孩子要赡养年老的父母，最好不要离开父母求学求官。可这么一来，也很委屈孩子，明明有大好前途可以去闯一闯，却要守着父母，给他们养老送终，这牺牲也太大了。要知道，孔子的教导始终是温暖的，会考虑到人生的方方面面。那句广为人知的话还有后半句，"游，必有方"。完整的句子意思就是说，父母尚健在，孩子不要出门游学或游仕，除非有固定的方向。要让父母知道你去了哪里，这样一来父母心中能稍稍踏实，二来

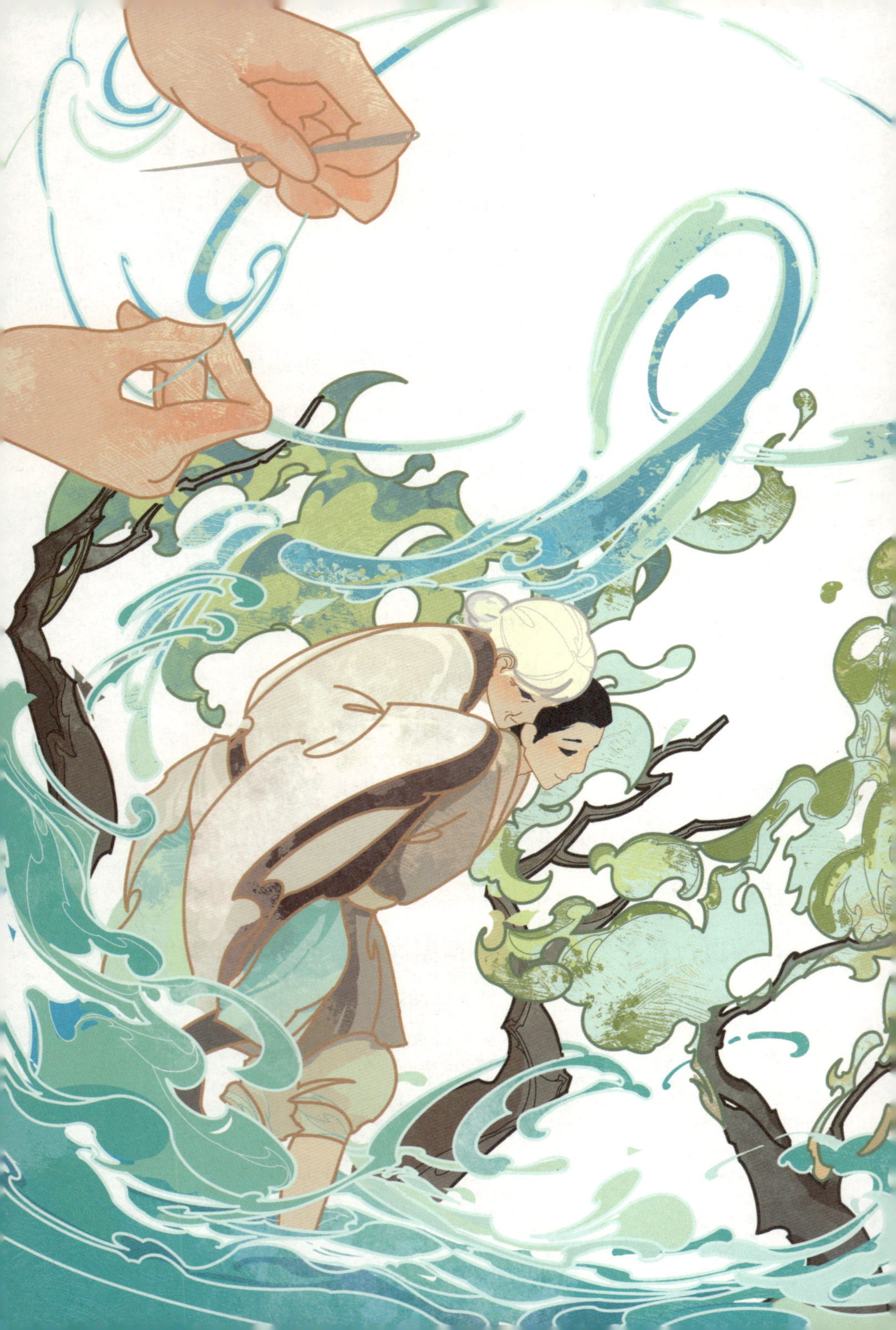

如果真的遇到急事，至少还能托人捎信，孩子也能赶得回来。

这就是孔子，他的教导会考虑到方方面面，合情合理。子女照顾年迈的父母，父母也成全子女的追求，这种孝道充满人情，充满对每一个个体的尊重。当我们在父母身边的时候，要按孔子的教导，尊重父母，不耍小脾气。等我们长大了离开家，去远方读书，说不定还会走到世界的另一边，那时候我们心中要有方向，同时要想着父母对我们的牵念。

孔子的孝道就是这样，既严格，又有人性，他要我们担起照顾父母的责任，但不可流于表面；他要我们发自内心地替父母着想，所以首先要照顾好自己；他要我们带着真诚和尊重对待父母，要收起自己的小性子，多对父母微笑。

孝道是中国人延续数千年的传统美德，孔子的孝道更是温暖真诚，充满人情之美。在孝道中激发出人性根底最美好的品质，让我们越来越接近那个心怀仁爱的美好的自己。

知识拓展

孔子讲孝，还衍生出一个成语**"入孝出悌"**。

这个成语出自《论语·学而》："子曰：'弟子入则孝，出则弟。'""弟"同"悌"，这句话的意思是，在家要孝顺父母，外出则要敬重兄长。

第八章

我们如何从《论语》中获得智慧和勇气?

少年时立志苦学的孔子，经过多年的不懈努力，终于和他的弟子们创立了儒家学派。

儒家学派非常重视道德修养，尤其重视培养人的仁、智、勇。孔子说："仁者不忧，知者不惑，勇者不惧。"意思是说，心怀仁爱的人不忧愁，富有智慧的人不迷惑，拥有勇气的人不恐惧。

子曰："君子道者三，我无能焉。仁者不忧，知者不惑，勇者不惧。"——《论语·宪问》

仁爱是孔子一生的追求，也是一切道德的基础。

关于仁爱，孔子告诉我们，要想成为仁者，不但要"己欲立而立人，己欲达而达人"，还要"己所不欲，勿施于人"。那孔子有没有说，怎样获得智慧和勇气呢？

获得智慧的途径简单直接，你是不是还记得"学而时习之，不亦说乎"？学习，是获得智慧的根本途径。我们若能"温故而知新"，孜孜不倦地学下去，不断成长，让学养越来越深厚，我们拥有的智慧就越来越多。

除此之外，孔子还说："知之为知之，不知为不知，是知也。"这是孔子教育子路如何获得智慧时说的。孔子说，对一件事，知道就是知道，不知道就承认不知道，这就是大智慧。有智慧的人认识到自己的无知和缺陷，才能不断进步。由此看来，努力学习和不时反思，是我们收获智慧的最佳途径。

那勇气来自何处呢？关于勇气，《论语》中有这样一段对话。

子曰："吾未见刚者。"或对曰："申枨。"子曰："枨也欲，焉得刚？"——《论

语·公冶长》

孔子说:"我从没见过一个至刚至强的人。"有个弟子回答:"我们申枨同学不错啊,这个人十分硬气。"孔子说:"申枨这个人欲望太多,又如何能做到刚强呢?"

在孔子看来,真正的刚强和勇敢,来自无欲,就是要摆脱各种各样的欲望和诱惑。这句话被后人凝练为一个著名的成语——**无欲则刚**。

在很多年后,两广总督府的门前有这样一副对联:"海纳百川有容乃大,壁立千仞无欲则刚。"对联的主人便是清末虎门销烟的民族英雄林则徐。

这副对联意思是说,大海接纳四面八方汇流而来的江河,就像胸怀宽广的人接纳各种意见,这样的人是博大的。悬崖峭壁直立千丈,就像一个人摆脱了欲望,这样的人是刚勇的。林则徐心怀这样的信念,才在危难的时局下勇敢逆行,成为我们的民族英雄。

什么是无欲呢?是说连吃饭睡觉都不想了吗?当然不是!孔子主张的,是当道义和欲望发生冲突时,放下私欲,选择道义。只有这样,你的人格才能堂堂正正地树立起来,成为真正的勇士。要注意哟,"无欲则刚"的"刚"可不是霸道和厉害。与之相反，一个温和的人，甚至是怯懦的人，只要在抉择的紧要关头能够"无欲"，他就能成为一个刚者。

给你们讲个小故事，春秋时期有个叫陈不占的齐国人，得知齐国大臣崔杼想要谋害国君。这位陈不占平日不声不响，这时却毅然站出来，切齿道："我要去讨伐奸臣！"陈不占做出决定之后，开始吃饭，因为打仗生死未卜，先要吃顿饱饭。可没想到吃饭的时候，他连筷子都拿不稳，手一直抖哇抖哇，筷子直往下掉。捡起来，掉下去，又捡起来，好不容易一顿饭吃完，要上战车了，陈不占抖得连车都扶不住。

驾车的车夫看不下去了，十分不解，问道："你既然这么害怕，又何苦要去打仗呢？"陈不占哆哆嗦嗦，却毅然地说："保……护国君是我的道义，害……怕是我的个性。我虽胆小，但不能妨碍我行使道义！"

车夫听了这话也严肃起来，不再笑他。等陈不占真到了沙场，他用颤抖的手操起战刀，颤颤巍巍地往前走，可刚刚听到远方的杀喊声，就恐骇而死了。

听起来，这个陈不占真是窝囊，连敌人的面都没见到，竟然就被吓死了。可我们再想想，国难当头时，他生性那么胆小的一个人，能把自己最本能的求生欲放下，坚定不移地遵守信念，这难道不是一个刚烈而勇敢的人吗？他的勇气来自哪里？来自道义。道义在他心里，比生命更崇高、更伟大，这种巨大的价值感，支撑他尽管感到恐惧，也要走上战场，否则良心难安。到了最后，即使他未见敌人就死在沙场，也没有违背内心坚守的道义。

　　道义赋予人类勇气，除此之外，担当和责任同样给人力量。孔子曾说："志士仁人，无求生以害仁，有杀身以成仁。"一个真正有志气的仁者，不会因贪生怕死而损害道义，只会勇猛无畏地舍弃生命，来担当道义，这就是成语"**杀身成仁**"的来源。

　　关于杀身成仁，孔子的弟子子路用生命做出了最高贵、最惨烈的诠释。

　　子路晚年在卫国做官，是卫国执政大夫孔悝（kuī）的家臣。那时卫国政局混乱，太子蒯（kuǎi）聩（kuì）被废。蒯聩为了夺回君位，就劫持了大

夫孔悝，要孔悝与他立下支持自己复位的盟约，否则就杀了孔悝。

孔子听说了卫国发生政变，坐立不安。他那时有两个弟子在卫国，一个子路，一个子羔。孔子沉重地说："这次卫国之乱，子羔可以安全回来，子路怕是要牺牲了。"

不出孔子所料，勇猛的子路听说孔悝被劫，一时怒发冲冠。他哪里知道孔悝并没有多少骨气，私下早就答应了蒯聩的条件。子路一路冲到卫国城门底下，这时正好遇见同门师弟子羔慌慌张张地跑来。

"师兄，卫国要完了，咱们快逃吧，进去就是送死啊！"子羔焦急地说。

"拿人俸禄，就要担起责任！怎么能在别人危难时，不挺身而出呢？"子路推开子羔，非要进城。守城的官员也来劝子路："先生不要去蹚这摊浑水啊。"

"你们这些人，就知道追求利益，我要的是道义！现在国家有难，我必要和国家有难同当。"子路说完就冲进城去。

他孤身一人找到蒯聩，开始与他谈判。"你就算杀了孔悝，也会有别人继续反对你，不如现在放了他！"

对子路的要求，蒯聩自然不会答应。子路勇猛，名震诸侯，蒯聩不敢小觑，只得劫持孔悝，躲上一座高台。子路穷追不舍，追到高台之下，双方僵持了片刻。见蒯聩无意下来，子路转身而去。就在蒯聩以为子路是知难而退时，却看见他抱着大捆木柴回来了，原来子路要放火烧楼！

蒯聩这下真害怕了，他既不想下去，也不想葬身火海，于是赶紧派两员猛将去对付子路。要知道，子路再勇猛，那时也已经是六十二岁的老人，那两员猛将手持长戈冲来，子路用剑还击，很快寡不敌众，难以支撑。最终被敌人用长戈斩断了帽缨。

帽缨，就是将帽子牢牢系在头上的带子，帽缨断了，意味着子路的脖子受了重伤，这可是致命伤啊！子路血流不止，很快他就支撑不住，扑通一下坐在地上。在双眼将闭未闭时，他伸手慢慢地、颤巍巍地将帽子扶正，将帽缨重新系好。

"君子死而冠不免！"子路说完这句，方才断了气。

一个人虽然要死了，但还要将帽子戴正，要像一个堂堂正正的君子那样赴死，这就是子路的英雄气概。他明知寡不敌众，于事无补，但为了坚守道义，仍然是知其不可为而为之，这真是一个名副其实的君子！有责任，有担当，在生命的最后时分，还坚持君子的操守，绝不违背周礼。

噩耗传来，孔子在庭院中痛哭不已，他想起自己曾说过的一句话，像子路这样的人，"不得其死然"。孔子真是太了解自己的学生了，他早就说过，像子路这样正直刚强、坦坦荡荡的人，在乱世中很难得到善终。这一年孔子七十一岁，与他患难与共、生死相依的弟子相继离开，这是他晚年最伤心的事。

子路之死，是真正的"杀身成仁"。他用生命书写的对道义的坚守，真让人十分感动。

孔子说"仁者必有勇"，一个仁爱的人，一定是一个勇敢的人。他们舍生取义，为自己的信念从容赴死。这种至大至刚的气概，是儒家的真精神。

今天的我们，如果能懂得忠恕之道与仁爱精神，在学习和反思中得到智慧，从道义和担当中获得勇气，我们也会成为孔子心中人格美好、性情丰满、堂堂正正、光明磊落的君子。

知识拓展

受儒家"舍生取义""杀身成仁"思想的影响,无数人为了国家和天下,为了心中的道义和仁爱,愿意付出一切。这在很多诗词里都有体现:

- 人生自古谁无死,留取丹心照汗青。(宋 文天祥《过零丁洋》)
- 至今思项羽,不肯过江东。(宋 李清照《夏日绝句》)
- 只解沙场为国死,何须马革裹尸还。(清 徐锡麟《出塞》)
- 一腔热血勤珍重,洒去犹能化碧涛。(秋瑾《对酒》)
- 为有牺牲多壮志,敢教日月换新天。(毛泽东《七律·到韶山》)
- 未惜头颅新故国,甘将热血沃中华。(赵一曼《滨江抒怀》)

第九章 孔子心中『君子』的标准是什么?

在《论语》中,"君子"是一个常见的词。孔子经常和弟子谈论君子,说出了很多我们耳熟能详的名句,诸如"**君子不器**""君子周而不比""君子和而不同",可见孔子对"君子"的看重了。

我们现在说谦谦君子,指那些道德行为很好的人。但在最初,君子是"国君之子"的意思,指的是地位崇高的贵族。到了春秋时期,特别是从《论语》开始,君子的所指范围不断扩大,不论王公贵族还是平民百姓,只要为人行事有德行、有修养,就可以得到君子的美称。在孔子心中,成为"君子"的标准是什么呢?

首先,君子要以道义为底色。《论语·里仁》中说:"君子喻于义,小人喻于利。"

"喻"就是通晓、明白,把事情想得清楚透彻。"义"是道义,"利"是私利。孔子是说,君子心里清楚道义，明白义的真谛，就以义作为行为标准；小人心里清楚利益，于是唯利是图，满足私欲。在孔子看来，"喻于义"和"喻于利"是君子和小人的根本区别。

"义"字，是孔子对君子贯穿始终的要求。在《论语·卫灵公》中，孔子又说："君子义以为质。""质"指的是基础、质地，君子的人格要以道义为底色。

诱人的利益，漂亮的结果，时时刻刻都在吸引着我们，追求利益是人类的本能。但人的境界有高下之分，面对不该得的利益，我们若能见利思义，在诱惑面前用道义把持自己，就可以称为君子了。说个常见的例子，考试时谁都想取得好成绩，可如果为了好成绩而作弊，那就是只想着获得高分的"利"，而忘了做学生基本的"义"。所谓"君子喻于义，小人喻于利"，要看我们在关键时刻如何选择。

孔子心目中的君子，无论行事还是为人，都要合乎道义。除此之外，君子还有什么特质呢？

你一定听过这句话："君子坦荡荡，小人长戚戚。"

这是《论语·述而》中的名言。那坦荡是什么？戚戚又是什么？

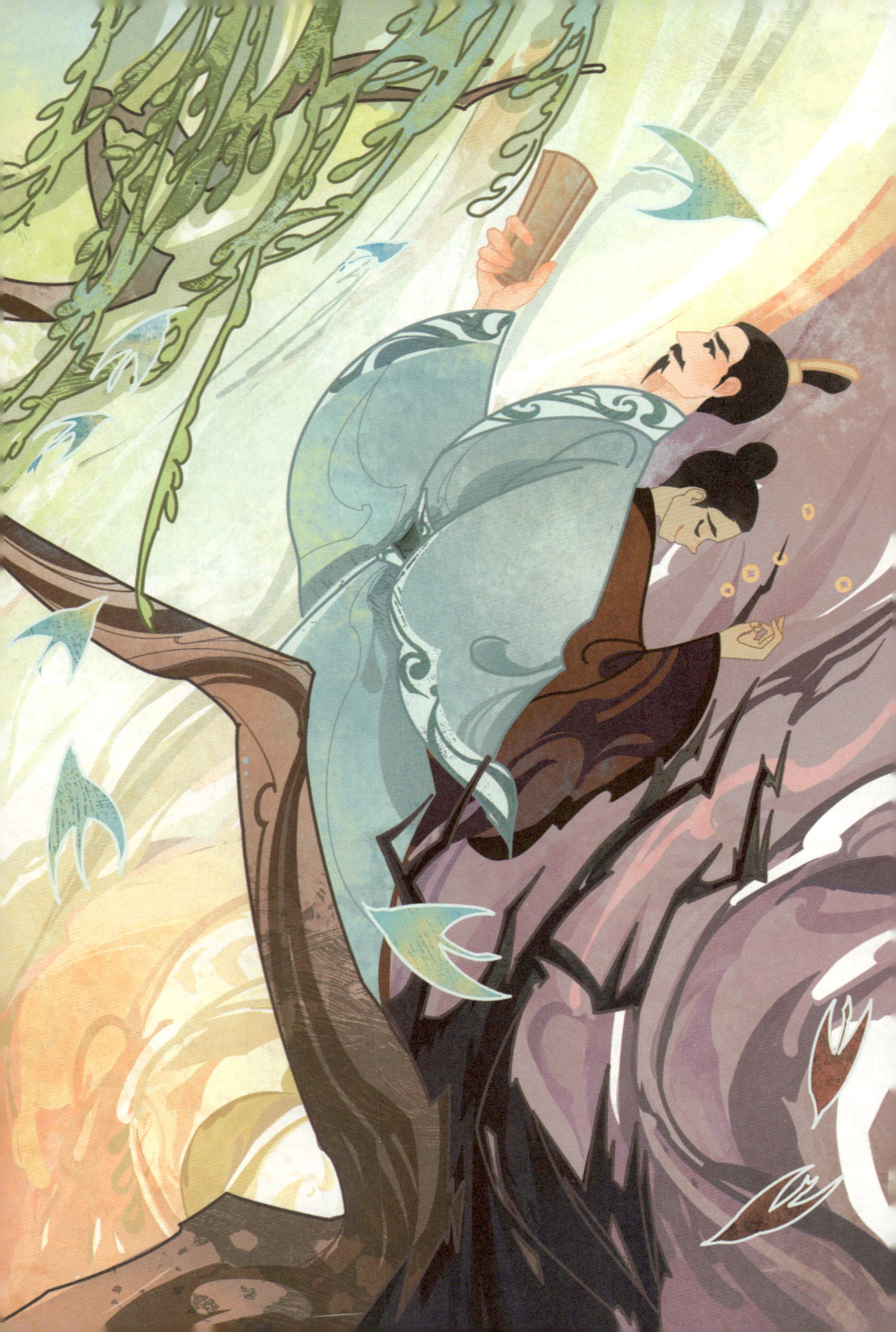

司马牛问君子。子曰:"君子不忧不惧。"曰:"不忧不惧,斯谓之君子已乎?"子曰:"**内省不疚**,夫何忧何惧?"——《论语·颜渊》

孔子有个弟子叫司马牛,他也有一样的疑问,来问孔子:"夫子,什么是君子呢?"

孔子想了想说:"君子不忧不惧。"

内心没有忧虑没有恐惧,就是君子了?司马牛很迷惑,为什么心理状态成了判断其是否为君子的标准。

孔子又说:"内省不疚,夫何忧何惧?"

原来孔子说的"省",是反省、省察的意思。当我们反省自己的内心,不感到内疚和惭愧,只有坦坦荡荡,那自然不会忧虑,也不会恐惧。

问心无愧,平和淡然,看似简单,却是一种很高的人生境界。我们如果能踏踏实实地生活,拥有坦荡安然的内心,某种意义上,这真是成功快乐的人生。与之相反,那些时时算计的小人,看似获得一时之利,却很难做到问心无愧。"小人长戚戚","戚戚"是一种紧张不安的状态,这是小人内心的真实写照。

这种君子情怀,让我们体验到内心真正的快乐。它有一种强大的力量,坚定我们的心智,让我们有能力对抗生活中种种的不如意。即使遭遇挫败,也能很快复原。心怀道义、坦坦荡荡、无忧无惧的君子,是我们应该追求的理想人格。

那提到君子,我们脑海中会出现怎样的形象呢?是不是特别文质彬彬?我们形容一个人非常文雅,说话做事斯文有礼,会说他**文质彬彬**,这个成语还真是出自《论语》。不过,在孔子那个时代,"文质彬彬"有着更丰富深远的含义。

《论语·雍也》中说:"质胜文则野,文胜质则史,文质彬彬,然后君子。"

"质胜文则野,文胜质则史"?初看真不好理解,等细细分析字词意思,保证你恍然大悟。

"质"是内在本质,指一个人的精神底色,是先天的。"文"是外在装饰,指一个人的文化修养,是后天培养的。"质胜文则野"指一个人本质很好,但修养不足,他就容易表现出粗俗粗野的样子。比如《水浒传》里的李逵,没有人比他更"野"了。李逵人称"黑旋风",打仗前脱衣服,赤条条、黑黢(qū)黢的一个大汉,挥着两把板斧就冲出去,逮着谁砍谁,见者无不闻风丧胆。整部《水浒传》中,最忠心的是他,最讲义气的是他,可遇事最冲动、行为最莽撞的还是他。

李逵是典型的"野",忠肝义胆,直率坦荡,去打仗只顾杀得痛快,心粗胆大,真被抓了也不在乎,反正有弟兄们来救自己。这样的"野"是很痛快,可有没有问题呢?如果没问题,为什么宋江那么喜欢他,却从不敢让他独自带兵?是呀,因为李逵实在是勇猛有余,谋略不足,他那"质胜文"的性情一出去就坏事,谁敢让他担当大任呢?

那与"质胜文则野"相反的"文胜质则史"呢?

"史"有文辞华丽、浮夸的意思。"文胜质"的人,会过度强调外在的谈吐表现,缺乏内心真实的修养,显得有那么点酸溜溜的。鲁迅先生有篇著名的文章《孔乙己》,说的就是这么个"文胜质"的人。

孔乙己很穷,去店里吃饭,就只点一盘茴香豆,还非要考一考别人:"回字有四样写法,你知道么?"问完了，再用指甲蘸着酒，在桌上来来回回地写。这个特别酸腐的文人，正是"文胜质则史"的典型代表。

如此说来，质胜文，文胜质，要么粗野，要么酸腐，都不够好。只有文与质均衡时，才符合真正的君子气质。所以孔子说："文质彬彬，然后君子。"彬彬，就是一种均衡协调、恰到好处的状态。这样的人，既有美好的道德品质，又有优秀的文化修养，内外和谐，体现出君子的美好模样。

读到这里，我们知道了孔子衡量君子的三重标准。一是君子义以为质。君子以道义为底色，在利益诱惑面前，守得住自己的底线。二是君子坦荡荡。君子光明磊落，为人做事问心无愧。三是君子文质彬彬。君子既要有好的道德品质，还要有充分的文化修养，两者缺一不可，且要均衡调和。

君子是儒家文化的精髓，也是中华民族独特的精神标志。一个人想要做到真君子不容易，这需要我们不断学习，不断提高修养，以君子之心要求自己，越来越正义坦荡，文质彬彬，越来越靠近孔子心中完美的人格形象。

知识拓展

儒家塑造的君子人格，对几千年来的中国文化产生了非常大的影响。人们向往成为君子，也用最美好的事物去比喻和赞美君子。

- 玉：玉润而不污，就像君子具备仁的德行，灵魂纯粹不被世俗污染。所以古人会形容君子"谦谦君子，温润如玉"。

- 莲花：莲花出淤泥而不染，古人用它来比喻君子，认为君子即便是身处污浊的环境，旁边都是肮脏的手段，他也会像莲花一样，坚守自己纯净的内心和品行。北宋的周敦颐写下了《爱莲说》，认为莲花"出淤泥而不染，濯清涟而不妖"，是花中的君子。

- 竹子：古人认为竹子挺拔修长，就像君子风度潇洒。竹子一节节的，很坚硬，就像君子有气节。大诗人苏轼曾经感慨"可使食无肉，不可居无竹"，这不仅是因为在房子旁边栽种竹子好看，还因为竹子代表着君子的高洁品质。

除了玉、莲花、竹子，古人认为和君子相配的还有松柏、菊花。这是为什么呢？请你也去探索一下，找一找答案吧。

第十章 孔子的治国之道

两千五百多年前的春秋战国，是一个极其混乱的时代。统治者们为了争夺权力，父子成仇，君臣反目，朝纲混乱。国家之间动辄发动战争，连年战乱，百姓流离失所，苦不堪言。

　　心怀仁爱的孔子，从来不会独善其身，他想实现自己的政治理想，改造这个黑暗的社会，救百姓于水火。那么在孔子看来，如何治国才会让国家富强，百姓安康呢？

　　关于孔子的治国之道，《论语》中有一段很有名的话：

　　　jì kāng zǐ wèn zhèng yú kǒng zǐ　　kǒng zǐ duì yuē
　　　季　康　子　问　政　于　孔　子。　孔　子　对　曰：
　zhèng zhě　　zhèng yě　　zǐ shuài yǐ zhèng　shú gǎn bú
"政　者，　正　也。　子　帅　以　正，　孰　敢　不

正？"季康子患盗，问于孔子。孔子对曰："苟子之不欲，虽赏之不窃。"——《论语·颜渊》

孔子在鲁国时，有一天，鲁国的执政大臣季康子来找他。

季康子是何许人也？作为鲁国的三家权臣之一，他是把持国政的实权派，权倾朝野，但人品堪忧。他治理鲁国期间，横行霸道，欺压百姓，为培养自己的势力，收留了一大批来自各个国家的乱臣。整个季氏家族也管理混乱，封地叛乱，家臣专权，季氏毫无办法。在他的治理下，鲁国上下都没有礼法，埋下了国家混乱的隐患。

就是在这样的情况下，季康子来问孔子，究竟什么是政治，又该如何治国？孔子会怎么回答呢？

"政者，正也。子帅以正，孰敢不正？"孔子严肃地说道。

"帅"是表率、榜样。孔子说得很明白，政治的含义很简单，就是端端正正。如果您能带头做表率，为人行事端正，下面的人谁敢不端正？

季康子琢磨着孔子的话走了，也许回去还照了镜子，看看自己是不是端正。可没过两天，他又来了，这一次更是满面愁容。

"夫子，我们鲁国究竟怎么了？小偷和强盗越来越多，抓都抓不完啊。"季康子皱眉问。

这一次，孔子干脆利落地回了一句话："苟子之不欲，虽赏之不窃。"

"苟"是如果，"子"是孔子对季康子的尊称，"不欲"指没有那么多欲望。整句话意思是说，如果您不那么贪婪，没有那么多欲望，就算您给老百姓设立一个偷盗奖，他们也不会做盗贼。

如果说，孔子上次还算嘴下留情，这次真是说得十分直白。老百姓偷盗成风，归根到底是领导者过分贪婪，所谓上梁不正下梁歪，统治者没做出好榜样，如何指望老百姓行为端正呢？由此可见，孔子对国家统治者的态度，绝不是阿谀奉承，而是监督和批评。让从政者以身作则，成为表率，孔子的治国观念，对当今社会也有重要的参考意义。

儒家学派的治国思想是不提倡严酷的律法，而是要由统治者发挥道德感召力，自上而下，以身作则，让百姓心悦诚服地追随效仿。这种思想一言以蔽之，就是《论语》中的那句"道之以德，齐之以礼"。

"道"同"引导"的"导"，"齐"指整齐规范，"道之以德"是指以道德引导人民。那什么是"齐之以礼"呢？

《论语》中的"礼"，不是现代意义的"礼貌"或"礼物"，而是指人与人之间一整套的行为规范。礼乐制度并不始于孔子，而是在夏、商、周时期就逐步形成的。相传夏朝、殷朝各有礼制，到了周朝，周公旦吸收了古代礼制，并对其进行全面改革，创建了一整套的礼乐制度，将社会生活的方方面面都纳入"礼"的范畴，推行礼乐之治。这正是孔子景仰的"郁郁乎文哉"的周礼。

礼和法不同。礼乐之治注重教育，春风化雨，潜移默化地改变人民。相比之下，刑法之治则冷酷严厉，让人因为惧怕而约束自己的行为。对治理国家而言，礼和法都有成效，但礼对人的改变，往往是发自内心的。古人守礼，要时刻遵守规矩，有点迂腐的感觉。

实际上，真正的礼不止于此，真正守礼的君子是堂堂正正、心中充满力量的。

孔子在鲁国做大司寇的时候，他是守礼君子的践行者。与此同时，他在一次次外交事件中的表现，也充分彰显了礼的力量。

《史记·孔子世家》中记载过这么一段故事，当时鲁国和齐国相邻，齐国经常欺负弱小的鲁国。齐国大臣对齐景公说，鲁国启用了孔丘做大司寇，势必危及齐国。这让齐景公十分不安，生怕齐国因此落后于鲁国。君臣一商量，想出了一个坏主意。齐景公派出使者，邀请鲁定公进行一次友好会盟。实际上呢，暗中准备了不少阴招。

古代重要人物会面，通常在两国交界处，平出一块地，再搭一个三层高台，两国国君坐在高台上相对而谈。鲁定公备好车辆随从，毫无戒备准备赴约，孔子作为大司寇，兼办会盟典礼，提醒鲁定公要依礼带好官员和左右司马。

这次会盟在两国边境的夹谷举行，史称夹谷之会。两位国君在台上坐定，才谈几句，齐景公就笑眯眯地对鲁定公说："我俩如此对谈，未免无聊，我为你备了些歌舞音乐，边看边聊如何？"

鲁定公不知其中凶险，连连点头，只见一群舞者摇着旌旗走上前来。他们头戴羽毛，身披皮衣，还拿着各种兵器。原来齐景公打算在会场劫持鲁定公，逼他签下两国之间的不平等条约，这群舞者全是刺客！

孔子看出不对，定了定神就走上台去，落落大方道："诸侯之会，为何有蛮夷之乐？此举不合礼制。"

孔子问得不卑不亢，有理有据，齐景公自知理亏，只得对那群人挥挥手说："那……下去下去。"

这群人下去不久，不肯罢休的齐景公又问鲁定公："蛮夷之乐我们不看了，看看我们齐国的宫中乐舞如何？"

鲁定公不明所以，又连连说好。这一回更是凶险，说是宫中乐舞，竟是些侏儒和杂耍之人走上前来，扔剑的，掷铁球的，转火圈的，团团围住鲁定公。鲁定公危在旦夕，眼看就要被绑架了，又是孔子三步并作两步冲到台前，说道："诸侯会盟，怎么有杂耍之徒惑乱诸侯，论罪当斩！"

孔子再次以礼质问，齐景公哑口无言，只得撤下刺客杂耍团。就这样，孔子秉承周礼，多次斥责齐景公，让他放弃了绑架鲁国国君的阴谋。在此处，礼不仅是温和的，有秩序的，更是堂堂正正、强而有力的。在关键时刻，孔子用礼守护了国家的尊严。

听完这段历史故事，孔子的形象是不是更丰满了？他可不是迂腐的读书人！孔子既是谦谦君子，遵德守礼，又堂堂正正、不卑不亢。以孔子为代表的儒家，他们的治国之道和主张酷刑的法家不同，他们要求统治者以身作则，以德服人，在此基础上，用礼乐对人民施加润物无声的教化。在他们的政治主张中，有强烈的人文关怀，温柔而有力量。

"道之以德，齐之以礼"，这是孔子的治国之道，也是作为政治家的孔子对人类文明进程的巨大贡献，是让我们受用至今、人人得益的执政智慧。

知识拓展

儒家的治国之道，偏重于礼乐教化，对统治者的品德和境界要求极高。这种理念，在春秋战国时代并不太受国君们认可。毕竟在那个时候，国与国之间的竞争激烈残酷，各国都希望用见效最快的方式，去达成自己的宏图伟业。孔子和弟子们到处碰壁，也是自然而然的事情了。

等到汉朝建立，天下一统，想要维持国家稳定时，孔子的治国思想便被历代统治者们奉为圭臬，儒家学说也一举成为诸子百家中最耀眼的学说。

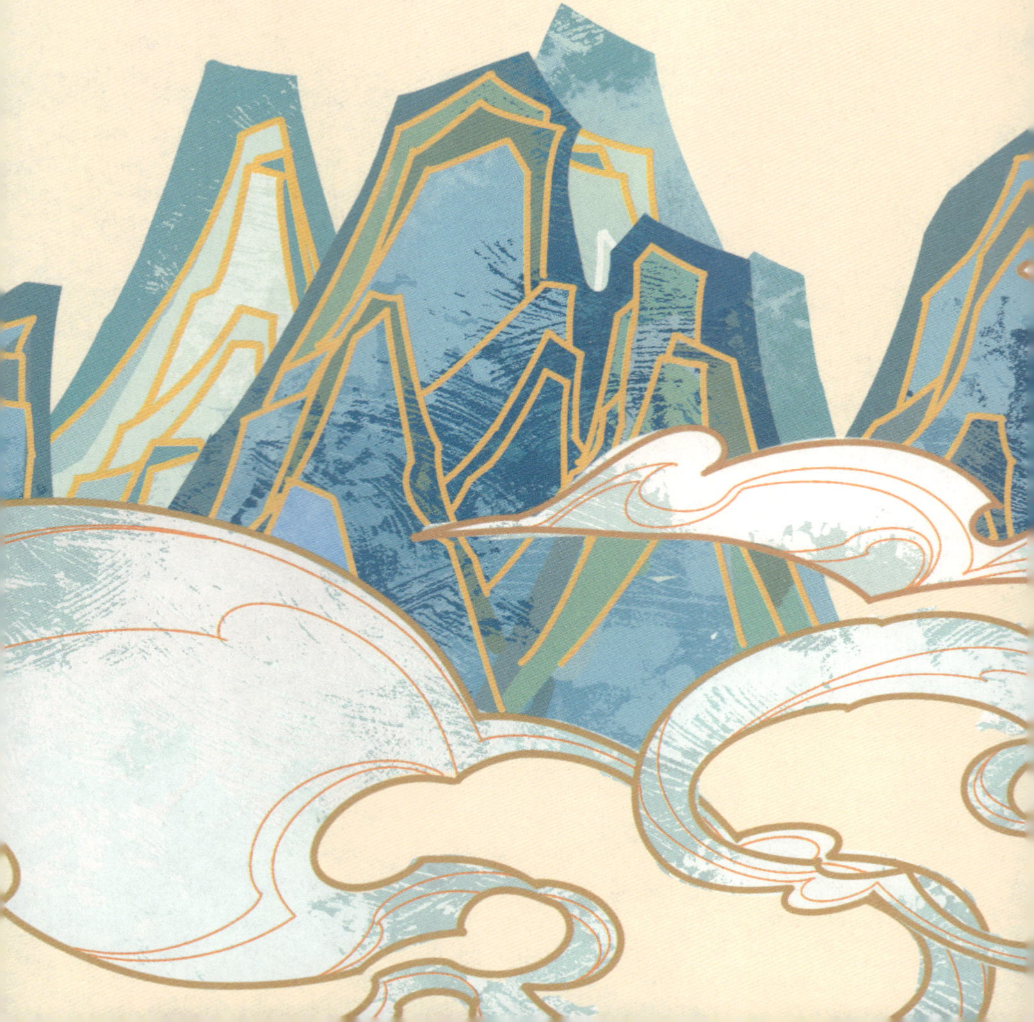

第十一章
孔子是如何面对人生挫折的?

说起挫折，这真不是个令人愉快的话题，可它就像故事里的怪兽，时不时跳出来挑衅我们。它有时是一次糟糕的成绩，有时是和好朋友之间的一场误会，又或者是来自爸爸妈妈的批评。挫折让人沮丧，又不可避免，学会面对挫折，真是我们一生中尤为重要的课题。

　　那在遥远的两千五百多年前，从人生泥沼里成长起来的孔子，经历过怎样的挫折，又是如何面对的呢？

　　孔子成年之后，凭借卓越的学问和政治才华，在鲁国做了外交家和大司寇。在他的不懈努力下，鲁国国运好转，可谓蒸蒸日上。这可让邻国的齐景公寝食难安，万一鲁国日渐强大，威胁到齐国怎么办？上一次绑架鲁定公未遂，贼心不死的齐国人又出了坏主意。他们知道鲁定公喜欢美女，就投其所好，派人给鲁定公送去八十名美女和一百二十匹良驹。这一下，色令智昏的鲁定公顿时无心朝政，大臣们也玩物丧志，国家政事再也无人打理。面对这种荒唐景象，孔子几番劝说无用，终于对鲁定公心灰意冷。就这样，孔子辞去职务，带着他的弟子开始周游列国，希望在别的国家得到重用，以推行儒家的政治主张。这一走，就是整整十四年。

这十四年，孔子到过卫国、宋国、郑国、陈国、蔡国等国家，也就是现在的河南、山东、河北、安徽、湖北等地，足迹遍布大半个中国。这十四年，孔子吃尽了苦头。当时的统治者大多尚武，孔子的仁政观念难以践行。他常遭冷遇，不被理解，屡屡遭受挫败。

《史记·孔子世家》中记录的一则小故事，将孔子周游列国的情景，刻画得入木三分。

孔子适郑，与弟子相失，孔子独立郭东门。郑人或谓子贡曰："东门有人，其颡似尧，其项类皋陶，其肩类子产，然自要以下不及禹三寸，累累若丧家之狗。"子贡以实告孔子。孔子欣然笑曰:"形状,末也。而谓似丧家之狗,然哉!然哉!"

这是孔子和弟子在郑国的一段经历。郑国位于中原腹地,在我们今天的河南,国家不大,但正处于北方晋国和南方楚国之间,是兵家必争之地,也是晋楚两国争霸的焦点。孔子去郑国时,一路都是兵荒马乱,子路、子贡领着一帮弟子前去探路,不料就这么和孔子走散了。孔子独自到了郑国,一个人孤零零地站在东门外,等待他的弟子。弟子们也很着急,每个路口都有车辙印,真不知道夫子去了哪里。无奈之下,大家只好不断地向路人打探:"你们有没有见过一个身材高大,留着花白胡子,风度翩翩的老人家?"

这时有个路过的郑国人一脸坏笑,过来说:"我从郑国国都过来,是看到一个老人站在东门之外。"

子贡慌忙问:"您看到的这位老者什么模样?"

郑国人摸摸胡子说:"这人长得可不一般,他的额头像伟大的尧帝，脖子像大法官皋陶，肩膀像贤臣子产，腰以下像大禹，就是短了三寸。"

子贡他们一听，这人比的都是古时圣贤，也许就是夫子了。不料郑国人话锋一转说："但这老头儿的气质狼狈得很，活像一条丧家之犬。"

丧家之犬？这个形容真是太恶毒了！这可把弟子们气坏了，但他们来不及理论，先匆匆跑去东门找孔子。果然，孔子还是一个人孤零零地站在城门口，弟子们热切地喊道："夫子！"

看到弟子们来了，孔子十分欣慰，忙问道："你们是如何找到我的？"

一直忍着怒气的子贡，忍不住噼里啪啦说出刚刚郑国人的那番话。说完之后，他气呼呼地看着孔子："夫子，他们怎么能这么说你?!"尧、皋陶、子产、大禹，都是古代圣贤。郑国人的意思很明白，他是说孔夫子继承了那么多圣贤之道，看起来很了不起，可结果还不是像一条无家可归的野狗。

流离在外，无人认可，又听到别人这么讽刺挖苦，若是换作性情刚直的子路，一定当场暴跳如雷。若是换作三国时泪腺发达的刘备，一定又要和关羽、张飞抱头痛哭一场，可孔子做何反应呢？

孔子只是欣然一笑，淡淡地说："说我长得像圣人谈不上，但说我像丧家之犬，还真有点像呢。"

故事讲到这里，有没有特别佩服孔子？他希望恢复周公之治，安定天下百姓，却颠沛流离，处处遭冷遇，而面对如此恶毒的讽刺，他不过付之一笑，真是坦坦荡荡、光风霁月的君子胸怀。

孔子在郑国的遭遇已经相当坎坷，可紧接着的"陈蔡绝粮"，更是孔子一生中极为危险的时刻。

那是鲁哀公六年，还在周游列国的孔子收到了楚昭王的邀请，准备带弟子去楚国辅政。孔子从陈国出发，途经蔡国时，旷野上忽然出现一队人马，抢光了他们的车马粮草。原来，蔡陈两国的国君听说楚国要聘请孔子，生怕楚国会更加强大，对他们形成更大的威胁。于是一不做，二不休，两国合谋调动人马，抢走孔子一行人的粮草，打算将他们困在荒野上，活活饿死。

就这样，孔子和弟子们在荒野上困了整整七天，全靠野菜野果充饥。《论语》中说："在陈绝粮，从者病，莫能兴。"古人说"病"，程度比今天严重得多，是指那种已经危及生命的状况。"兴"是爬起来的意思。 这句话的画面感非常强烈,弟子们几天几夜没吃的,躺在地上奄奄一息,爬都爬不起来了。

"从者病,莫能兴",短短六个字,是对孔子一行人在生死攸关之际的真实描写。这种凄惨的境遇,让耿直的子路想不通,为什么他们这样堂堂正正的君子,要在旷野上流离失所,甚至活活饿死?为什么夫子这样温柔敦厚的贤者,要遭受这样非人的磨难?难道他们跟随夫子追求理想这条路,真的走到尽头了吗?

于是,子路去找孔子。"子路愠见曰:'君子亦有穷乎?'""愠"指含怒,郁闷。"穷"不是通常意义的贫穷,而是指极限、尽头。所谓"穷途末路",指到了路的尽头,再也无路可走,是一种人生陷入绝境的状态。子路生气地问孔子:我们这样的道德君子,也有无路可走的时刻吗?

孔子看着子路,温和而凛然地说了四个字:"**君子固穷**"。"固"是坚守。君子在困顿之中,依然会坚守自己的品质,固守正道,刚正不移,心神不乱。

关于"陈蔡绝粮"的经历,《论语》《孟子》《荀子》《史记》等都有记载,细节略有不同,其中《庄子》中的描述最为生动。

孔子穷

于陈蔡之间,七日不火食,藜羹不糁,颜色甚惫,而弦歌于室。颜回择菜,子路、子贡相与言曰:"夫子再逐于鲁,削迹于卫,伐树于宋,穷于商周,围于陈蔡。杀夫子者无罪,藉夫子者无禁。弦歌鼓琴,未尝绝音,君子之无耻也若此乎?"颜回无以应,入告孔子。孔子推琴,喟然而叹曰:"由与赐,细人也。召而来,吾语之。"子路、子贡

入。子路曰："如此者，可谓穷矣！"孔子曰："是何言也！君子通于道之谓通，穷于道之谓穷。今丘抱仁义之道以遭乱世之患，其何穷之为！故内省而不穷于道，临难而不失其德，天寒既至，霜雪既降，吾是以知松柏之茂也。陈蔡之隘，于丘其幸乎！"孔子削然反琴而弦歌，子路扢然执干而舞。子贡曰："吾不知天之高也，地之下也。"——《庄子·让王》

孔子和弟子们被困在旷野上,没有干粮吃,大家都十分疲惫,只有孔子还在弹琴唱歌。弟子们十分迷惑,子路和子贡偷偷地说:"夫子在各个国家都遭到冷遇,杀他的人不被定罪,凌辱他的人不被禁止。现在流离失所至此,夫子竟然还能弹琴唱歌,这是不是有点不知羞耻呢?"

颜回听到了他们的对话,十分生气。他是孔子最爱的弟子,师生感情极好,可他自知说不过能言善辩的子贡,打不过英武有力的子路,只得偷偷去把这些话告诉孔子。孔子听了弟子们的议论,长叹道:"子路和子贡是细人啊!去把他们俩叫来,我和他们聊聊。"

"细人",多有意思的词,形象地说明了这两人境界狭窄,见识短浅,人格形象细细长长,如面条一般。

就这样,"面条"子贡和"面条"子路来到孔子面前,他们本来还在怨恨告状的颜回,可听了夫子的一席话,只剩下深深的惭愧。

孔子说:"子贡、子路,你们不明白我的心啊。君子固穷,在困苦之中恰恰能体现出我们的修养。我扪心自问,面对危难无愧于道德。在天寒地冻、大地冰封之际,人们才知道松柏仍然在大雪中傲然挺立,茂盛青翠。因此，陈蔡绝粮的艰难经历，对我来说是件幸事，它能彰显出君子的品格啊！"

孔子说完，转身继续弹琴。这时颜回已经泪流满面，说道："夫子说出了我的心声。"

子贡低头羞愧道："是我赶不上夫子的境界，不知天高地厚，太过浅薄。"子路难以用言语表达自己震撼的心情，操起一柄长戈冲到荒野之上，愤然起舞，他在茫茫荒野上的舞步，表现出无畏艰难困苦的君子豪情。

"君子固穷""岁寒，然后知松柏之后凋也"，这都是孔子留给我们的精神财富。他面对逆境的态度，体现出君子在困境中的自信与淡然。周游列国的十四年，也是孔子受尽挫败的十四年。风雨飘摇，屡屡受挫，孔子始终秉持君子之道，坚守高洁深远的人生理想。面对各种嘲讽，欣然一笑，泰然处之。在困境面前，孔子发自内心的淡定从容，让人感动不已。

我们读《论语》，可以从中获得一种精神力量，和孔子一样，在困境中不忘初心，以坚定的理想推动长远的追求，战胜人生路上大大小小的挫折。

知识拓展

孔子的一生是比较不幸的。他幼年丧父，少年丧母。成年以后，为了生活，曾在季氏门下管理仓库，或是管理畜牧，抑或主管一些工程建筑。待游历各国，推行儒家学说，希望拯救这个混乱的社会时，又处处碰壁，一生不被重用。到了晚年，在六十九岁高龄，又经历了丧子之痛。

这些人生的不幸和挫折，都没有将他打倒。他周游列国，弟子三千，晚年修订六经，最终成为影响中国文化几千年的圣人孔子。

第十二章

孔子的快乐来自哪里?

今天我们来谈谈快乐。

孔子虽然饱受挫折,但在《论语》中,我们能够深刻地感受到,孔子积极乐观、快乐自得,遇到什么挫折都不会被打败。人在顺境之中,快乐不难,在逆境之中,快乐不易。那《论语》有没有告诉我们,孔子的快乐究竟从哪里来呢?

先讲一个小故事吧。

孔子周游列国时,曾受到楚昭王的盛情邀请。这楚昭王本算是贤明的君主,打算把有居民里籍的一块地方封给孔子。孔子也是满怀希望奔赴楚国,不料楚国令尹子西却向楚昭王进了谗言。

子西说:"大王,您看孔子门下人才济济,有至善至贤的颜回,有长于辞令的外交家子贡,还有名震诸侯的子路。我们楚国有这样的人才吗?如果您给了孔子封地,他的势力一天天发展壮大,会不会生出异心?到时楚国会不会受到威胁?"

真是以小人之心度君子之腹,但楚昭王慎重起见,还是对孔子起了戒心。孔子去了许多国家,没有一个国君肯重用他,这回到了楚国,本以为终于有贤君愿意实践儒家的政治理想,没想到再次受到冷遇。孔子此时年事已高,心灰意冷,于是决意远离政治,回到自己的国家教书育人,将儒家的仁爱之道传给新一代青年。

从楚国回鲁国,负函是必经之地。在这里,孔子遇到了地方官叶公。这个名字是不是很熟悉?对,就是那个"叶公好龙"的叶公。

没想到他们俩会见面吧?!其实,叶公本名沈诸梁,因为封地在叶邑,故称为叶公。在历史上,叶公是位了不起的政治家和军事家,是安邦定国的名臣。

雄才大略的叶公被后人记住,竟是因为那略显愚蠢的成语故事,着实荒唐。不过我们设身处地想想,故事里叶公的反应不正常吗?好比你喜欢恐龙,一觉醒来,一只霸王龙正趴在你的床头龇牙咧嘴,你会不会吓得从床上弹起来?叶公的反应明明是正常表现嘛。

叶公久仰孔子贤明,听说孔子途经负函,很想向他请教学问。

不过为了不唐突,叶公先找到子路,想从子路这儿打听打听夫子的情况。

叶公问:"子路兄啊,你的老师是个怎样的人呢?"

这个问题开门见山,把一向直爽的子路问住了。他只知道自己很佩服夫子,夫子很了不起,可用几句话概括,该说什么呢?子路吞吞吐吐地回答:"这……这我也说不好啊。"

孔子知道了这件事,对于子路不知所以的回答,孔子说:"女奚不曰:'其为人也。发愤忘食,乐以忘忧,不知老之将至云尔。'"

孔子是说,仲由啊,你还不了解我吗?我刻苦学习时可以忘记吃饭,快乐起来可以忘记忧愁,甚至都不知道自己已经老了呢。

"发愤忘食,乐以忘忧",说此话时孔子已年过六十,这是他在人生暮年时的自我总结。

我们知道,孔子真心热爱学习,曾为学韶乐"三月不知肉味",他说"学而时习之,不亦说乎",学习带来的快乐，伴随了他整整一生。他有快乐，但并非没有忧愁。孔子周游列国，艰难困苦，落魄时被人说像丧家之狗，但他始终能够坚守"君子固穷""人不知而不愠"的内心准则。这种乐观昂扬的人生态度，积极向上的人生追求，如长江大河，滚滚向前不能止息，这就是《周易》中所说的"天行健，君子以自强不息"。

在孔子身上，这种昂扬奋发的精神，在他少年好学之时，立志求学之时，在他不断经历政治上的折磨打压和艰难困苦之时，都淋漓尽致地表现了出来。这种精神是孔子的乾德，是一种阳刚的、充满力量的品质，不论生活如何困苦，他不颓唐，不懈怠，内心充盈而满足，连匆匆而来的岁月都浑然不觉。

这真是极有生命力的人生之乐。

孔子的这种快乐，还有一个人能深深体会，那就是颜回。

在孔子心中，颜回与自己都沉醉于学问之乐、修养之乐。颜回很穷，孔子说他"屡空"，就是那种常常一贫如洗的状况。颜回住的巷子又破又窄，连马车都进不去。有次孔子去他家，见他家徒四壁，只有墙上挂着一个瓢用来喝凉水，墙角放了个小破竹筐，盛着一天的饭食。

孔子问："颜回啊，你如此贫穷，为何不出来做官呢？"颜回答道："学习夫子的大道，足以让我自得其乐。"

在常人难以忍受的穷苦中，颜回竟能自得其乐，这让孔子感慨万千，离开颜回家，孔子说了两次"贤哉，回也"。

《论语》中记下了这个场景："贤哉，回也！一箪食，一瓢饮，在陋巷，人不堪其忧，回也不改其乐。贤哉，回也！"

"回也不改其乐"，是因为颜回内心有高洁的修养，有不求不义之财的坚持。孔子也曾说："饭疏食，饮水，曲肱（gōng）而枕之，乐亦在其中矣。不义而富且贵，于我如浮云。"吃简单的粮食，喝清水，睡觉用手臂当枕头，都可以乐在其中，如果没有仁义，富贵就像天上的浮云。你看，他们师生的精神内核何其相似。

这就是志向高洁的君子，不论生活多么艰难困苦，依然安贫乐道。这种精神被北宋大儒，《爱莲说》的作者周敦颐总结为"孔颜乐处"。他们在困苦的境遇中坚持理想、不改其乐的精神，鼓舞了千千万万的读书人。

对学习的热爱，对理想的坚持，是孔子一生的快乐源泉。而熟读《论语》，就知道孔子还有一种乐，那就是"有朋自远方来，不亦乐乎"。

这句话对我们来说太过熟悉，但文字中却也深藏奥义。这个"朋"字，汉代大学问家包咸注释《论语》时说："同门曰朋。"同门，就是同学，这里的"朋"，不只指孔子的朋友，也指孔子的弟子。

"有朋自远方来"，是说有弟子不远千里来向孔子求学。在《史记·孔子世家》中，司马迁写道："孔子不仕，退而修诗、书、礼、乐，弟子弥众，至自远方，莫不受业焉。"春秋战国时的远方是真正的远方，道路崎岖，交通不便，出远门求学可谓困难重重。

举个例子，若有学生从楚国去鲁国，需要将多日的干粮驮在驴背上，一路跋山涉水，省吃俭用。不是躲着战火纷飞，就是防着路霸土匪，穿丛林过山岭，说不准还会遇到猛兽，真是路漫漫其修远兮。有朋自远方来，远比我们想象中不易！那是要怀着极大的渴望，才能冒着这样的风险，历经种种艰难，来到孔子门下。

孔子一生弟子三千，来自天南海北，展现出孔子强大的感召力。他推行的平民教育打破阶层，想读书再也不用考虑出身门第，给了无数渴望求学的青年人更多人生的可能性。与弟子们读书论道，切磋琢磨，这是孔子之乐的重要来源。

我们读《论语》，感受孔子的快乐，感受他"学而时习之，不亦说乎"，"有朋自远方来，不亦乐乎"，甚至"饭疏食饮水，曲肱而枕之，乐亦在其中矣"。孔子的快乐来自不断地学习成长，来自对道德修养的坚守，来自对君子固穷的笃定，也来自理想的传承不息。在整部《论语》中，常常见"乐"，极少见"苦"，即使在人生泥沼中，在艰难险境中，君子依然有一种发自内心的豁达乐观。在这里，"快乐"不是一个轻飘飘的词，而是更深刻、更丰富的人生体验。

《荀子·子道》中写到，子路曾问孔子："君子亦有忧乎？"孔子答道："君子其未得也，则乐其意；既已得之，又乐其治，是以有终身之乐，无一日之忧。"

他是说，君子的修行之路，还未到终点时，君子会因追求理想而自得其乐。等到理想实现，又会为有所作为而充实快乐。君子的一生，没有一天忧愁。

希望我们在读书时，在对理想的漫长追求中，在一次次越挫越勇的经历中，渐渐体验和拥有孔子的终身之乐。

知识拓展

"有朋自远方来",是孔子极大的快乐。君子求仁得仁,他的学说被越来越多的人认可,儒家理想得以传承不息。这种教育理想,也体现在儒家后学的身上。

战国儒家的代表人物孟子曾说:"君子有三乐,而王天下不与存焉。父母俱存,兄弟无故,一乐也;仰不愧于天,俯不怍于人,二乐也;得天下英才而教育之,三乐也。"以国君之位都换不来的乐趣,其中之一便是"得天下英才而教育之",也就是教书育人。

第十三章

我们应该交什么样的朋友？

细读《论语》，会发现这真是一本宝藏之书。孔子通过与弟子们的对话，教给我们行事为人的方方面面。今天，我们就来看看孔子说的如何交朋友。

　　友情可真是太重要了，相信你一定听过很多有关友情的故事，不论是伯牙子期，还是管鲍之交，我们都能看到好朋友之间的真挚情感。孔子也有自己的朋友，那么他选择朋友的标准是什么呢？在《论语》中，孔子这样说："益者三友，损者三友。友直、友谅、友多闻，益矣；友便辟、友善柔、友便佞，损矣。"

　　初看不太好懂吧？我们一句一句来解析。"益"是好处，"损"是害处，孔子这句话，是教我们如何区别益友和损友。"友直、友谅、友多闻，善矣。"什么是友直呢？"直"是正直，顾名思义，友直就是为人正直，行事立得住的朋友。与此同时，"直"还有另一重含义,就是坦率直言,友直就是这个朋友能坦率指出你的不足,也能帮你变得正直起来。

在中国文化中,我们把这种"友直"称为"诤友"或"畏友"。"诤友"是说能直截了当地指出你的问题的朋友。"畏友"一看字面便知,是让人望而生畏的朋友。他们会不客气地说出我们的缺点,让我们难堪脸红,但开诚布公是一种难得的真诚,能够帮助我们不断进步。若是遇到了这样的朋友,可一定要好好珍惜。

说起来,孔子就是这样一个"友直"的朋友。

孔子有个老朋友叫原壤,《礼记·檀弓下》中记载了他们的故事。原壤此人洒脱不羁,不拘礼节,颇有一种道家隐者的风范。可有时不免洒脱过头,显得放浪形骸,毫无规矩。原壤的母亲去世,孔子前去帮忙料理丧事,可没想到一进去,看到原壤正盘腿坐在母亲的棺材旁唱歌。

在中国古代,葬礼大多庄严肃穆,子女料理后事,各个环节十分严谨。孔子了解原壤,知道他并非不孝,只是天性豁达,觉得人在天地间来去匆匆,即使母亲去世,不过落叶归根,没有必要悲伤。孔子忍了忍,就没说什么。过了两天,孔子又见到原壤,这回孔子真是忍不住了，为什么呢？《论语》原文说："原壤夷俟。"

原壤夷俟。子曰："幼而不孙弟，长而无述焉，老而不死，是为贼。"以杖叩其胫。——《论语·宪问》

"夷俟"，就是两条腿像八字一样岔开，摊坐在地，是倨傲无礼之态。古人本来就注重礼仪，况且原壤还在为母服丧期间，见到孔子来了，不出迎，亦不正坐。这一回孔子忍不住了，他"友直"上身，开始批评原壤。

"幼而不孙弟，长而无述焉，老而不死，是为贼。"孔子毫不留情地骂道。"孙"是"逊"的假借字，"不逊"是指对兄长不恭敬，"无述"就是没什么可说的成就。孔子气冲冲地说："原壤，你让我怎么说你？打小你就犯浑，不知孝悌，不讲礼貌。长大后一事无成，现在岁数大了，活在世上就是白吃粮食，你真是个害人精！"骂完之后，孔子还不解气，"以杖叩其胫"，拿起手中的拐杖就去打原壤的小腿，边打边骂："你这害人精，你这害人精！"这画面感，简直跃然纸上！温柔敦厚的孔夫子发起脾气来，真是毫不留情，他直言不讳，可谓"友直"的典范了。面对这样的原壤，弟子们都劝孔子，要么就跟他绝交算了。可孔子却摇摇头，温和一笑，说道："亲者毋失其为亲也，故者毋失其为故也。"亲人之间互不放弃，才成为亲人，老朋友之间互不放弃，才成为老朋友。

真是人情味满满的孔子，对朋友讲原则，真诚坦荡，直言不讳。可他也很看重感情，绝不会因老朋友的缺点轻易舍弃他们。《论语》中还记载："朋友死，无所归，曰：'于我殡。'"孔子的朋友去世了，没有人为他收敛尸骨，孔子就去为他料理丧事。"于我殡"，简简单单三个字，却是孔子重情重义的真实写照。

如果拥有孔子这样的朋友，他就像一面镜子，会让你看到自己的不足。他不避烦琐，不讳非议，即使一时让你不快，可真的会督促你进步。

那什么是友谅呢？

"谅"在这里不是原谅，东汉许慎《说文解字》中说："谅，信也，众信曰谅。""友谅"就是守信的朋友。

133

仁

孝

礼

"信"是儒家非常重要的道德原则,与"仁义礼智"并称为儒家的五常。《论语》中多次提到信,"与朋友交,**言而有信**""人而无信,不知其可也"。诚实守信是朋友间最重要的品德。孔子的弟子曾子也说:"吾日三省吾身,为人谋而不忠乎?与朋友交而不信乎?传不习乎?"曾子每天要多次自省,其中一个重要内容,就是问自己与朋友交往时有没有做到诚实守信。

曾子不是说说而已,他是诚实守信的践行者。

曾子之妻之市,其子随之而泣。其母曰:"女还,顾反为女杀彘。"妻适市来,曾子欲捕彘杀之,妻止之曰:"特与婴儿戏耳。"曾子曰:"婴儿非与戏也。婴儿非有知也,待父母而学者也,听父母之教。今子欺之是教子欺也。母欺子,子而不信其母,非以成教也。"遂烹彘

也
yě
。——《韩非子·外储说左上》

有一次,曾子的妻子要出门赶集,家里小儿子哭闹不休,怎么都不让她出门。曾妻就哄儿子说:"乖啊,自己玩一会儿,等我回来杀猪给你吃。"

哇,杀猪?对古人来说,杀猪吃肉可是过年才能享受的幸福。小朋友一听,立刻松手,自己乖乖去玩了。他哪里知道,这只是妈妈的脱身之计罢了,怎么能当真呢。可当曾妻忙完了回到家,曾子直接去了厨房,提着磨刀石和杀猪刀走了出来。

"你这是干吗?"曾妻很吃惊。

"杀猪啊!"曾子霍霍磨刀,答得淡定自然。

"啊?!"曾妻万万没想到,一句哄孩子的戏言,让曾子当真了。"我是随口说的,家里就这一头猪,杀了它过年怎么办呢?"

"小孩子也不能骗,你骗他,他就知道爸爸妈妈会骗人。我们骗人他就会跟着骗人,心里就再也没有诚信了。"曾子认真道。

就这样,即便家里只有一头猪,为了遵守诺言,曾子还是把猪给杀了。曾家小儿子真的吃到了猪肉。

这是曾子的诚信，他对孩子尚且如此，更不用说对待友人。能做到"友谅"的人，一定是个值得信赖、可以托付的朋友。

孔子选择朋友的第三个标准，"友多闻"，又是什么意思呢？"多闻"，顾名思义，就是见多识广，博闻强记。这样的朋友，能够帮我们拓展知识，开阔眼界。《礼记》中说"独学而无友，则孤陋而寡闻"，就是说我们在学习时若不与人交流探讨，就很容易见识浅薄，视野狭窄。在生活中，我们要多交一些知识渊博、经历丰富的朋友。

益者三友，友直、友谅、友多闻，这样的朋友，会让我们不断完善，成为更好的自己。其实，我们不仅要这样选择朋友，更应该让自己成为这样的人。努力做到正直坦率、诚实守信、博学多闻，给我们的朋友带去更多益处。

在孔子心中，有益者三友，就有损者三友。什么样的朋友不能交？孔子说，"友便辟，友善柔，友便佞"。

便辟？善柔？便……佞？嘿，别看它们拗口，一解释你就能明白。

"友便辟"的"便",此处读作 pián,表示有口才。"便辟"的人喜欢阿谀奉承,溜须拍马,不管你做了什么,他都毫无原则地夸你。比如这种情景:

"我今天得了一百分。"

"哇,你真棒。"

"可其实我作弊了,有点内疚。"

"作弊没被发现?那你可真聪明!"

毫无疑问,这就是"友便辟",遇到这样的小伙伴,我们可一定要躲远,别让他的是非不明迷惑了你。

"友善柔",则是当面一套背后一套,巧言令色,让人分不清真伪的人。北宋儒学大师邢昺注释这一段说:"善柔,谓面柔,和颜悦色以诱人者也。"苏轼也在《御试制科策》中写"屏去声色,放远善柔,亲近贤达,远览古今,凡此者勤之实也"。你看苏东坡也说,要"放远善柔",提醒我们远离这样的人。

再看"友便佞",这个"便佞",读作 piánnìng,指那种善于花言巧语,但言不符实,喜欢夸夸其谈的人。今天说保你上名校,明天说带你去月球,这种人在生活中并不少见。可要擦亮眼睛,保持警觉,别被他们迷惑。

　　益者三友，损者三友，如何选择朋友，孔子已经说得泾渭分明，清清楚楚。我们要和真诚、守信、知识广博的人交朋友；远离那些两面三刀，喜欢拍马屁，夸夸其谈的人。

知识拓展

好朋友之间，如何相处呢？有个成语叫"以文会友"，意思是通过文字来结交朋友。这个成语也出自《论语》，但最初的含义要深远得多。

在《论语》中，曾子曾说："君子以文会友，以友辅仁。""文"在这里原指文质彬彬，曾子的意思是，君子要用一种文质彬彬的方式交友。因为"文"在后世多指文字、文章，所以"以文会友"便慢慢演变为如今的含义。

"以友辅仁"指一群品德高尚、学养深厚的朋友在一起，相互陪伴、相互勉励，就能共同行走在仁爱的大道上。

儒家以交友来辅佐仁德，意义深远。这句"以友辅仁"对现在的我们来说，未必好懂，姑且先把它记在心里。等我们的学养见识逐渐增长，到那时，自然能领会"以友辅仁"的深刻含义。

第十四章 我们来谈谈人生志向

有个问题你一定早就想过,长大以后想成为怎样的人?自己的人生志向又是什么?

志向,就像漫漫人生路的目的地,儒家说要志存高远,因为一个人的志向会决定他未来所能达到的人生境界。坚持不懈、内心笃定的孔子有什么志向呢?《论语·里仁》中说:"见贤思齐焉,见不贤而内自省也。"

"**见贤思齐**"是我们耳熟能详的成语。"见"是看见,"贤"是贤者,"思"是思考,"齐"是看齐。这个成语不难理解,但想要更形象地理解,还是先来看看"齐"的古文字 ΛΛΛ 吧。

这是甲骨文的"齐",这么看,像不像三株齐平的小禾苗?

"齐"是典型的象形字。古人造字之时,往往根据自然现象与农耕经验,在一望无际的麦田上,麦子都是整整齐齐的。东汉许慎《说文解字》中说："齐，禾麦吐穗上平也。"

"见贤思齐"的意思是，当我们见到水平、学问、境界比我们高的人，不是要嫉妒，而是要生出一种渴望之心，想成为和他一样的贤者。"见不贤而内自省也"的意思是，看到那些不够好的人，也要保持自省和警觉，看看自己有没有同样的问题，有则改之，无则加勉。这句话是孔子的立志之本。

与"见贤思齐"相似的，还有一句我们更为熟悉的，那就是"三人行，必有我师焉，择其善者而从之，其不善者而改之"。这句话是说，几人同行，其中必定有人在某方面比自己强。那么见到好的，就向他学习，见到不好的，就加以警醒，避免自己出现同样的问题。

"见贤思齐"和"三人行，必有我师"，既是孔子教给我们的学习方法，又是我们可以长久树立在心中的志向。在别人身上找闪光点，弥补自己的不足，时时刻刻都在成长进步。

儒家重视立志，每个人的性情和境遇不同，孔子通过了解弟子们的志向和理想，能看出他们当下的修身境界。孔子常常与弟子讨论这个话题。《论语》中记载过一段很有意思的对话。

颜渊、季路侍,子曰:"盍各言尔志?"子路曰:"愿车马衣轻裘与朋友共,敝之而无憾。"颜渊曰:"愿无伐善,无施劳。"子路曰:"愿闻子之志。"子曰:"老者安之,朋友信之,少者怀之。"——《论语·公冶长》

有一天,子路和颜回一左一右,侍坐在孔子身边。

子路问:"夫子,我们今天学些什么呢?"

"讲讲你们的志向吧。"孔子说。

"志向啊?这简单!"子路几乎脱口而出,"我愿车马衣轻裘,与朋友共,敝之而无憾。"

子路率直,他的志向是好车好马与朋友一起用,贵重裘皮与朋友一起穿,用坏穿坏都没关系。在古代,车马轻裘是财富和地位的象征，普通人家很难拥有。子路话里的意思就是，他对外在的物质财富毫不在乎，能与朋友一同分享，这就是他的理想。

子路真是一代豪杰，他的理想有种非常宝贵的品质——仗义。他把义气看得比财富更重要，这样仗义疏财的人，一定有很多朋友。你简直可以想象，威猛的子路坐在高高的马车上，与朋友相伴，十分快意慷慨。

不过呢，义气归义气，若说把这些作为人生理想，子路还是稍显浅薄。孔子听了没作声，把目光投向了颜回。

"颜回，你呢？"

"愿无伐善，无施劳。"颜回想了想，温和回答道。

"无伐善"，这奇奇怪怪的字词组合是什么意思？不砍伐好人吗？当然不是，原来"伐"在这里指夸耀。同样，"无施劳"的"施"是表白的意思。

颜回是说，我有优点，做了善事，不夸耀；我为别人付出辛劳，有了功绩，不表白。不夸耀自己的好处，不表白自己的功劳，这就是"君子求诸己"的境界。一切都要求自己，无论做了什么，都觉得是自己应尽的本分，无须多言。

这么一问一答，就能看出子路和颜回境界的不同。子路外向，他强调我为别人做了什么，仗义疏财，豪爽不拘。颜回内向，他更看重自己的内在修为，观察自己的道德状态。他不强调自己做了多少好事，有多高功劳，而是从内心觉得自己所做的一切，不过是君子的本分。

　　颜回的"无伐善"，看似容易，可一个人想不居功自傲，其实需要很高的境界。历史上

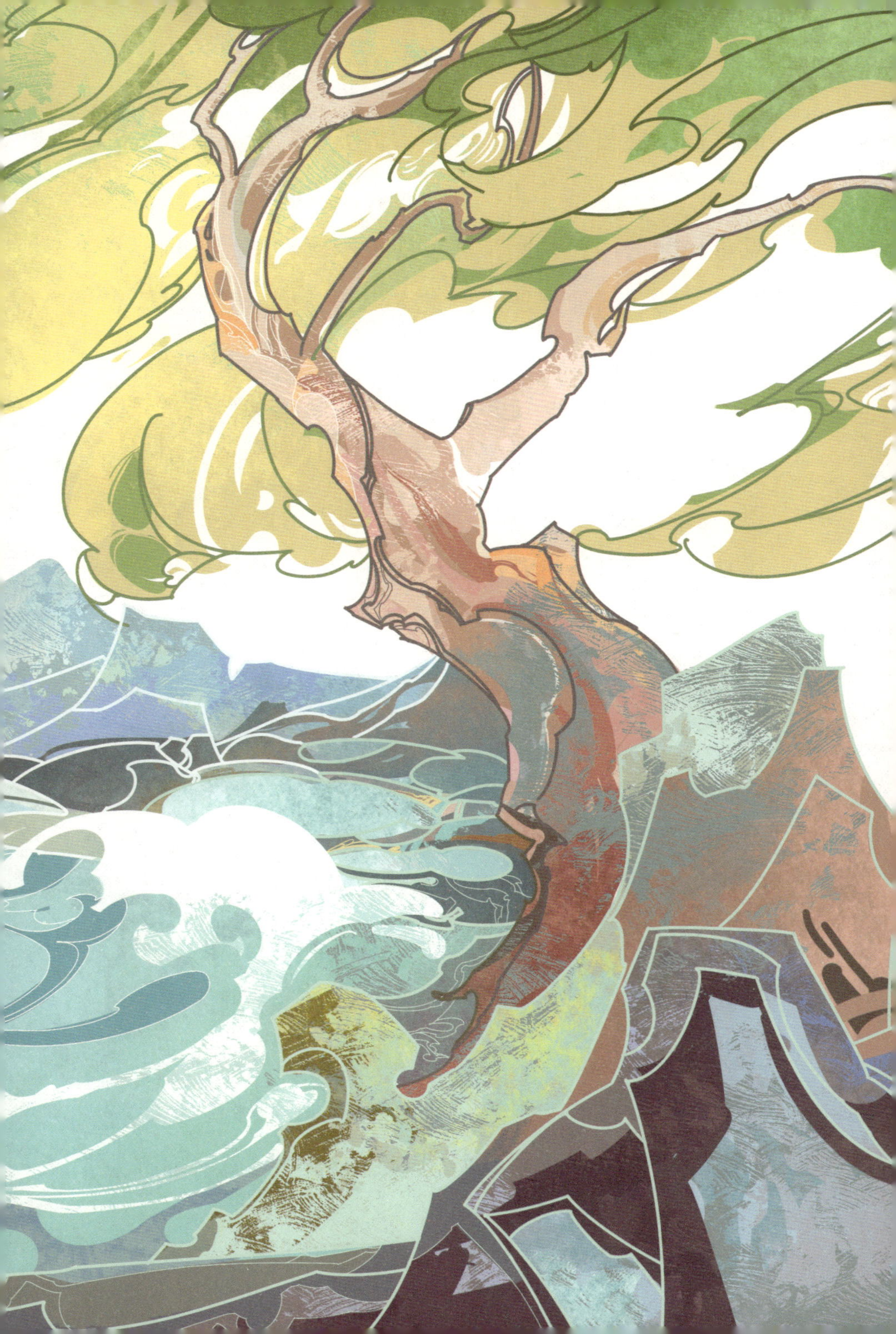

的反例不胜枚举，很多人的一世英名，最终毁于自己"伐善"。唐太宗李世民的爱将尉迟敬德就很典型。你见过民间的门神画吗？那个手持双锏、腰悬宝剑，身背弯弓的武门神就是他。此人武勇盖世，对李世民忠心耿耿，堪称一代名将。

他功劳大，脾气更大，《新唐书》记载他后来"以功自负"，经常对人不客气。一次唐太宗李世民大宴群臣，有人坐在了他前面，这可把尉迟敬德气坏了。他居功自傲，当场指着那人怒斥道："你何德何能，居然坐我上位?!"

宴席一时间气氛尴尬，同席的李道宗赶紧起身劝道："敬德，算了算了。"

不料此话一出，尉迟敬德更加暴怒："你敢管我?!"他一瞪眼一拳挥去，直直砸在李道宗脸上。

李道宗何许人也？开国重臣！战功赫赫，按辈分还是李世民的堂兄弟，岂是尉迟敬德能随便打的！

这一拳让唐太宗的宴会彻底毁了，李世民放下筷子，冷脸对尉迟敬德说："我读《汉书》，发现汉高祖的功臣能保全自己的很少，心里常常可怜他们，也警醒自己要善待功臣。可我看你刚刚的表现，就能理解他们为何被杀。如果你继续伐善施劳,仗着自己的功绩,胡作非为,小心我斩了你。"

话说到此,谁不战栗,尉迟敬德当即扑通跪下,磕头认罪。

伐善施劳,人所难免。历代开国功臣很难善终,他们的悲惨结局和居功自傲的心态不无关系。因此,中国文化里常讲谦逊温良,就是说要好好克制自己的傲慢狂妄。

再说颜回的志向,"无伐善,无施劳",体现的正是君子的修养。在君子心中,善也好、劳也好,都是自己应尽的本分,无可夸耀。

颜回的话让子路挠了挠头。子路心中默想,颜回真是个谦谦君子,夫子会不会批评我浅薄?但孔子依旧没说话,难道颜回的志向还不算最好?子路好奇起来,直接问道:"夫子,那您的志向是什么?"

这一回,孔子十分郑重地答道:"老者安之,朋友信之,少者怀之。"

这是孔子第一次正面表达他的人生志向,真得感谢子路的直率,让两千五百多年后的我们也能知晓孔子之志。这里的"安""信""怀",都是使动用法,也就是

"老者使其安,朋友使其信,少者使其怀"。

孔子的志向是,"老者安之",对待老人,要尊敬奉养,让他们能够安度晚年。在古代,人到老年往往失去劳动能力,生活陷入困苦。因此孔子首先强调要关怀老人,不只要照顾自己的父母,还要"老吾老以及人之老",让天下老人都得到妥善的照顾。

"朋友信之",对待朋友,则要肝胆相照,诚实守信,让他们愿意信任自己。儒家的朋友之道,特别强调守信,曾子的"吾日三省吾身",其中很重要的一条就是"与朋友交而不信乎"。信与不信,也是益友和损友的区别。

"少者怀之",对待年轻人,要真诚关怀,细心呵护,让他们感受到来自长者的温暖,在成长道路上有爱的力量。

"老者安之,朋友信之,少者怀之",很朴素的一句话,没有振臂一呼的激情,却充满了温暖和深切的关怀。老者、朋友、少者,世界上不就这三类人吗?比我们年长的,与我们同龄的,比我们年少的。孔子的理想,是面对整个人类的仁爱之心。

子路是豪侠的典范,心中所念所想的是自己的朋友；颜回是谦谦君子，时刻注重自己的内在修养；而夫子就是夫子，他心怀对全人类的爱，期望每个人都能得到实实在在的照顾，这就是孔子一以贯之的仁爱理想，在气象和境界上都高过颜回和子路。

　　这一番师生对话，真是非常精彩，三个人代表三种境界。对我们来说，就像做人的三个阶梯，一层层地往上走，让人生拥有更为广阔的可能。

知识拓展

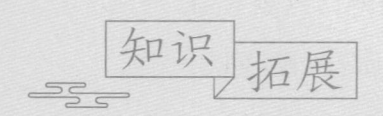

"老吾老以及人之老"出自《孟子》。孟子说:"老吾老以及人之老,幼吾幼以及人之幼。"儒家讲究推己及人,尊敬自家长辈,也要像尊敬自家长辈一样去尊敬别人家的长辈;爱护自家孩子,也要像爱护自家孩子一样去爱护别人家的孩子。

如果每个人都像儒家倡导的这样去践行,那这个世界一定像孔子和孟子希冀的那样充满美好吧。

第十五章

自在洒脱的孔子

我们印象中的孔子，刻苦好学，在人生的泥沼中坚持奋进，胸怀宽广，怀着仁爱之心普及教育，最终创立儒家学派，成为中国历史上最伟大的思想家与教育家。

想象一下这样的孔子，是不是特别严肃，是那种正襟危坐的老夫子形象。其实，在孔子生命中还有非常洒脱随性的一面。

《论语》中记载过一段非常美好的对话。

子路、曾皙、冉有、公西华侍坐。子曰："以吾一日长乎尔，毋吾以也。居则曰：'不吾知也！'如或知尔，则何以哉？"

子路率尔而对曰："千乘之国，摄乎大

国之间,加之以师旅,因之以饥馑,由也为之,比及三年,可使有勇,且知方也。"夫子哂之。"求!尔何如?"对曰:"方六七十,如五六十,求也为之,比及三年,可使足民。如其礼乐,以俟君子。""赤!尔何如?"对曰:"非曰能之,愿学焉。宗庙之事,如会同,端章甫,愿为小相焉。""点!尔何如?"鼓瑟希,铿尔,舍瑟而作,对曰:"异乎三子者之撰。"子曰:"何伤乎?亦各言其志也。"曰:"莫春者,春服既成,冠者五六人,童子六七人,浴乎沂,风乎舞雩,咏而归。"夫子喟然叹曰:"吾与点也!"三子者出，曾皙后。曾皙曰："夫三子者之言何如？"子曰："亦各言其志也已矣！"曰："夫子何哂由也？"曰："为国以礼，其言不让，是故哂之。""唯求则非邦也与？""安见方六七十如五六十而非邦也者？""唯赤则非邦也与？""宗庙会同，非诸侯而何？赤也为之小，孰能为之大？"——《论语·先进》

　　这一天，孔子和他的四个弟子在一起，其中有豪爽耿直的子路，谦虚谨慎的冉求，曾子的父亲曾皙，又名曾点，还有娴于辞令的公西华。

　　子路、冉求、公西华围坐在孔子身边，曾皙在一边鼓瑟。乐音悠悠中，孔子说："我年岁已高，没人再愿意重用我了。可你们还年轻，平日里总觉得自己怀才不遇，如果现在真有人看重你们，给你们出仕的机会，你们打算做什么呢?"其实,孔子是在问弟子们的理想。不用说,夫子话音未落,子路就第一个抢答了。

子路率尔而对曰:"千乘之国,摄乎大国之间,加之以师旅,因之以饥馑,由也为之,比及三年,可使有勇,且知方也。"这是说,直率的子路开口就答,有一个不大不小的国家,夹在大国之间,外有敌军攻击,内有饥荒窘迫。若把这个国家给我治理,只要三年时间,我可使百姓勇猛善战,且明辨是非。

子路说的这不大不小、内忧外患的国家正是鲁国。这直爽轻率的子路啊,鲁国的问题纷繁复杂,连孔子都治理不了,子路想着三年就解决,真是不知谦虚谨慎。

听了子路的回答,《论语》中记载,"夫子哂之"。"哂",就是不露齿,淡淡地笑了一下。孔子这一笑,子路瞬时明白,自己又图嘴快,答题完全不经思考。

孔子接着问:"冉求,那你呢?"

尽管夫子并未批评子路,可那一抹哂笑,大家都看到了。有了子路的前车之鉴,冉求小心说道:"我要治理一个很小的国家,就是那种方圆六七十里,或五六十里的。给我三年,我能够让老百姓都富裕起来。但这国家的礼乐文化,我还是等待其他有德行的君子来建立吧。"

孔子依然没表态,转向公西华:"来说说你的志向吧?"

冉求如此谦虚,也未得到孔子的肯定,公西华心想,自己要更谨慎才好。于是他小心地说:"我不敢说我能做成什么样,我没什么本领,但愿意学习。等宗庙祭祀或诸侯会盟时,我可以穿着礼服,戴好礼帽,做一个小小的司仪。"

弟子的志向越说越小,孔子一直不做评价,而是转头问了最后一个人,一直在鼓瑟的曾皙。

曾皙听到夫子发问,瑟音渐隐,直到最后一个音符"铿"一声停止,他方才放下瑟起身说道:"夫子,我所想的与这三位不同。"

"那又何妨?我们就是说各自的志向。"孔子说。

"莫春者,春服既成,冠者五六人,童子六七人,浴乎沂,风乎舞雩,咏而归。"

在古瑟的余音中,曾皙慢悠悠描述出一个美好的场景。四月天,草长莺飞,暖风熏面,我们换上新做的轻盈春衣,五六个大人,带着六七个小孩,一起去春游。在鲁国的沂水中沐浴，爬上河边的舞雩台①，让风吹干头发，再一起唱着歌回家。

说完，曾晳坐下，抬手继续鼓瑟。

别人的志向，要么治理国家，要么复兴礼乐，只有曾晳聊着游玩、沐浴和唱歌，弟子们觉得这太随意了，孔子应该不以为然。可没想到，孔子却喟然叹曰："吾与点也！"

孔子深深感叹道："我的愿望，和曾点一样啊。"

等子路、冉求和公西华离开后，一直鼓瑟的曾晳停下来，转头问孔子："夫子为何你只赞同我，他们三人说得如何呢？"

"不过是各自表达志向罢了。"孔子淡淡一笑，不多评价。

"那您为何要哂笑子路？"

"治国讲究礼让，子路太不懂谦虚，我便笑一笑他。"孔子答。

子路因为自己的鲁莽，被孔子哂笑，不难理解。可孔子为何赞同曾晳，连连感叹"吾与点也"呢？

---

① 鲁国祈雨的地方。

我们可以想象一下曾皙描述的那个场景。

晚春之时，微风和煦，春服都是刚做好的。大人把现实中的事都放下，带着孩子一起踏青。到了沂水边，他们脱下衣服，像青蛙一样扑通扑通跳进河里，彼此不论贫富贵贱、长幼尊卑，全都坦然相见。他们沐浴之后，登上高台晒太阳，吹头发。他们长发上的水点，在阳光底下晶莹四溅，这个时刻，所有人放下身份地位，丢掉平日的矜持，在一起相亲相爱，真诚无伪。

这是人和人之间最和睦的场景，融入自然，自由自在，所有欢声笑语、轻松洒脱，都融入春天的欣欣向荣之中。在大自然包容的怀抱中，那种万物肆意生长的春天的气息，洋溢着每个人自由而旺盛的生命诉求。

孔子的心绪，也在那古瑟的袅袅余音中，飞到了那个阳光明媚、众人和美的春日河边。那里有人与自然充分融合的诗意，这恰恰是儒家一贯的审美和生命态度。因此不难理解，为何孔子唯独赞美了曾皙。子路的理想是治国，却有些大而无当，不切实际；冉求追求富国，过于看重财富；公西华局限于礼仪，气象不够广阔。至于曾皙的境界，正是孔子心中最向往的天人合一，夫子那一声喟然长叹，寄托着他与大自然的和谐无间，这是他性情中本真的一面。

春天美好，在山樱似雪，青草茸翠时，我们不妨也走进自然，让自己与大自然融合无间，体会孔子"吾与点也"的快乐。在这本书的最后一章，我们看到了在自然中洒脱欢乐的孔子，他不再高高在上，遥不可及，也不再正襟危坐，而是与我们一起享受快乐与自然。

读《论语》，我们知道孔子如何从泥沼中长成一棵参天大树，如何以君子之心对待生命中的大小磨难。他从来没有被打败，而是愈发热爱生活。我们一次次领略孔子的魅力，感受他的智慧与温暖，看到他的快乐与坚持。就是这样活生生的孔子，即使隔着两千五百多年，依然真实可感。在日后的成长中，当你遇到挫折，当你遇到选择，当你觉得人生乏味，甚至当你无所事事的时候，都不妨拿起《论语》，走进书中。

相信孔子的神奇力量，会带给你一段绝佳的奇妙旅程。

知识拓展

我们印象里的孔子是一个刻板严肃的小老头。但实际上,孔子的形象很特别。

孔子是个大个子。《史记》中记载他身高九尺六寸,人们都叫他"长人"。估算一下,他身高有一米九以上,在民众普遍营养不良、个子不高的古代,他可算是"鹤立鸡群"。

除了个子高以外,孔子也不是个文弱书生。记得吗?孔子的功课里有"六艺",六艺就是六门课,其中就有射箭和驾驭马车。孔子善于驾车,射箭精准,颇有一种豪杰气概。

附录

孔子是如何成为圣人的?

孔子生前并不得志，周游列国却没办法施展抱负，最惨的时候还被说成是丧家之狗。但是，等到孔子去世之后，他的影响却越来越大，儒家思想成为中国历史上影响最大的学说。

让我们一起来看看，孔子去世之后其影响力逐渐变大的过程吧：

公元前479年，孔子去世后，鲁国的国君鲁哀公去祭祀孔子，在悼念孔子的诔（lěi）文[①]中，将孔子尊称为"尼父[②]"。他说："上苍不善，不留下孔老夫子，再也没人能帮助我治国了。呜呼哀哉，尼父，我失去了修身和效法的榜样！"

---

① 诔文是悼念死者的祭文。
② 这里并不是将孔子称为父亲，而是古人会在男子的字后面加上"父"表示尊敬。孔子字"仲尼"，所以鲁哀公尊敬地称呼他为"尼父"。

- 公元前 478 年，据说鲁哀公将孔子的故宅（在今曲阜）改建为庙，这是第一座孔庙。曲阜孔庙也是祭祀孔子的本庙，如今全球已经有两千多座孔庙，遍布在中国、朝鲜、日本、越南、印度尼西亚、新加坡、美国等国家和地区。

- 公元前 195 年，汉朝的开国皇帝刘邦在经过鲁地时，以天子的最高祭祀礼仪太牢去祭祀孔子。

- 汉武帝尊崇儒家，但并不是独尊一家，同时也吸纳百家所长。董仲舒将儒家思想和汉代政治需要相结合，提出"大一统"思想。也是在这个时候，孔子和他的思想慢慢地开始走向中国政治舞台的中央。

- 公元 1 年，也就是汉平帝元始元年，汉平帝追谥孔子为"褒城宣尼公"。这是封建帝王授予孔子的第一个封号。

- 公元 489 年，北魏孝文帝在首都平城（今山西大同）建立了曲阜孔庙之外的第一个孔庙——宣圣庙。公元 492 年，孝文帝下诏改谥孔子为"文圣尼父"，首开尊孔子为"圣"的先河。

- 北齐太祖高皇帝诏封孔子为"素王"，这是孔子被封"王"的开始。

- 公元 580 年，北周静帝追封孔子为邹国公。

公元 581 年，隋文帝杨坚尊孔子为"先圣""先师尼父"。

公元 626 年，唐高祖李渊尊孔子为"宣尼""大圣"。

公元 630 年，唐太宗李世民尊孔子为"先圣"。公元 637 年，唐太宗李世民尊孔子为"宣父"。

公元 666 年，唐高宗赐予孔子"太师"的称号。

公元 690 年，女皇帝武则天封孔子为"隆道公"。

公元 705 年，唐中宗加谥孔子为"文宣"。

公元 739 年，唐玄宗追封孔子为"文宣王"。

公元 952 年，后周太祖郭威去曲阜拜谒孔子，尊孔子为"百世帝王之师"，同时追封孔子为"至圣文宣师"。

辽代尊"孔子大圣，万世所尊"。

公元 1008 年，宋真宗祭拜孔子时，追谥孔子为"玄圣文宣王"。

公元 1146 年，西夏国仁孝皇帝尊孔子为"文宣帝"。这是第一次尊孔子为"帝"，也是唯一的一次。

公元 1308 年，元代武宗皇帝加封孔子为"大成至圣文宣王"，并称他为"万世师表"。诏书称"先孔子而圣者，

非孔子无以明；后孔子而圣者，非孔子无以法"，意思是说，在孔子之前的圣者，如果没有孔子，他们的精神就无法昌明，他们也不会被尊为圣人；在孔子之后的圣者，如果没有孔子，他们也就没有了可以效法的智慧。

- 公元 1370 年，明朝开国皇帝朱元璋尊孔子为"先圣"，他认为"仲尼之道，广大悠久，与天地并"，意思是孔子之道，广大悠久，能和天地并存。

- 公元 1529 年，明世宗革去孔子的王位，下诏改称孔子为"至圣先师"。

- 公元 1645 年，清朝的顺治皇帝尊孔子为"大成至圣文宣先师"。